DER PERFEKTE POLITIKER
EIN SURVIVAL BUCH

DAVID BORGENICHT, TURK REGAN

BERLIN PRESS

Titel der amerikanischen Originalausgabe:
The Worst-Case Scenario Almanac: Politics
© 2008 Quirk Productions, Inc.

Deutsche Erstausgabe
© 2008 Berlin Press
Alle Rechte vorbehalten.

Aus dem Amerikanischen von Peter Friedrich
Redaktion: Maresa Rutter
Illustrationen: Brenda Brown
Design und Satz: Fruitmachine
Korrektorat: Manuel Bonik
Druck: Druckteam Berlin

Berlin Press
Kreuzbergstraße 71
10965 Berlin
www.berlinpress.net

Vertrieben durch den DuMont Buchverlag

ISBN: 978-3-936024-13-5

INHALT

EINLEITUNG ... 6

KAPITEL 1: MACHTERGREIFUNG ... 9
Wie man gewählt wird

KAPITEL 2: ICH HABE EINE LISTE ... 63
Freund und Feind

KAPITEL 3: SELBSTINSZENIERUNG ... 97
Die Medien und die Botschaft

KAPITEL 4: KEIN KOMMENTAR ... 133
Skandale und Korruption

KAPITEL 5: NICHT EINWICKELN LASSEN ... 167
Internationale Beziehungen

KAPITEL 6: MACHTVERFALL ... 207
Am Ende der Amtszeit

AUSGEWÄHLTE QUELLEN ... 240

ÜBER DIE AUTOREN ... 245

DANKSAGUNG ... 247

„Die Politik ist immer noch das größte und ehrenwerteste aller Abenteuer."
— John Buchanan, Lord Tweedsmur, *Pilgrims Way*, 1940

„Ein ehrlicher Politiker ist der, der sich kaufen lässt und dann auch das tut, wofür er bezahlt wurde."
— Simon Cameron, amerikanischer Finanzmagnat und Politiker (1799-1889)

„Unter jedem Stein lauert ein Politiker."
— Aristophanes (456-386 v. Chr.)

EINLEITUNG

Es gibt auf der Welt nichts Unberechenbareres als Politik.
Über kein menschliches Unterfangen diskutieren wir so regelmäßig und in so kontroversen Tönen. Manche sehen in der Politik eine Hoffnung, um die essenziellen Träume und das Potenzial der Menschheit zu verwirklichen. Andere betrachten sie als notwendiges Übel, als betrügerische Machenschaft oder als Verschwörung der Eliten. Und alle haben sie recht. Aber wie man es auch dreht und wendet, es ist nicht leicht, in der Welt der Politik zu überleben. Jedenfalls nicht so „leicht" wie vergleichsweise bei Hai-Angriffen oder Tsunamis oder beim Sturz auf die U-Bahn-Gleise. Wie man solche Unfälle überlebt, haben wir Ihnen in anderen Büchern aus dieser Reihe bereits gezeigt. Aber in der Politik ändern sich Landschaften und Überlebenstechniken ständig. Hier geht es um Menschen und um Macht, und beiden sollte man mit Vorsicht begegnen. Sie mögen edle Motive haben (oder auch nicht), aber wenn Sie in der Politik gerade anfangen zu glauben, eine üble Situation unbeschadet überstanden, es endlich an die Spitze geschafft oder wenigstens einen Fuß in der Tür zu haben, dann taucht sicher etwas auf, um sie vom Podest zu stoßen.

Der Große Vorsitzende Mao bezeichnete die Politik einmal als „Krieg ohne Blutvergießen", Winston Churchill wies jedoch darauf hin, dass man im Krieg nur einmal getötet werden kann, „in der Politik jedoch viele Male".

Und genau hier setzt dieses Buch an. Als Hilfe für diejenigen, die sich einer Karriere in der politischen Arena widmen, haben wir einen unglaublich nützlichen und sehr effektiven Almanach zusammengestellt: mit allem, was uns die Geschichte lehrt, schrittweisen Anleitungen, wie man bestimmte Krisen übersteht, außerdem Schaubildern, Diagrammen und Profilen der schlimmsten Politiker. Mit diesem Buch werden Sie sich sicherer fühlen, wenn Sie in den Ring steigen – und nach der Lektüre werden Sie auch wissen, wie man es vermeidet, irgendwann das Handtuch werfen zu müssen.

Zunächst müssen Sie natürlich gewählt werden („Wie man Interesse vortäuscht") und mit den Medien umgehen können („Wie man ein feindseliges Publikum bearbeitet"), dann Skandale überstehen („Wie man ein Nummernkonto eröffnet") und vereitelte Pläne überleben („Wie man sich heimlich aus dem Land verdrückt"). Es steht alles da. Präsidenten, die Großen dieser Welt und selbst Machiavelli könnten noch eine Menge lernen von *Der perfekte Politiker: Ein Survival Buch.*

In der Politik weiß man nie, was als nächstes geschieht, also seien Sie auf alles gefasst. Und fragen Sie nicht, was Sie für Ihr Land tun können, sondern was *Der perfekte Politiker* für Sie tun kann.

– Die Autoren

KAPITEL 1

MACHTERGREIFUNG
Wie man gewählt wird

JUGENDLICHE ENTGLEISUNGEN

Wer	War im späteren Leben	Entgleisung
Konstantin V.	Kaiser von Byzanz (741-775)	Schiss ins Taufbecken
Benito Mussolini	Faschistischer Diktator Italiens (1922-43)	Als Kind aus der Kirche ausgeschlossen, weil er die Gemeinde mit Steinen bewarf; der Schule verwiesen, weil er auf einen Mitschüler einstach und ein Fass Tinte nach dem Lehrer schmiss
Ivan IV.	Zar von Russland (1547-84)	Warf als Kind Katzen und Hunde aus den höchsten Fenstern des Palastes; trat als Teenager einer gewalttätigen Straßenbande bei, die alte Leute überfiel
Golda Meir	Premierministerin von Israel (1969-74)	Lief mit 14 von zu Hause weg und lebte ein Jahr lang über 2000 Kilometer weit weg, bevor sie zurückkehrte
Viktor Yanukovych	Premierminister der Ukraine (2002-2004, 2006-2007)	Als Teenager mehrfach wegen Körperverletzung und Raub verurteilt
Joschka Fischer	Deutscher Vizekanzler (1998-2005)	Führte die anarchistische Studentengruppe *Revolutionärer Kampf* an, die sich häufig Straßenschlachten mit der Polizei lieferte und mehrere Beamte verletzte
Trent Lott	Republikanischer Mehrheitsführer im US-Senat (1996-2002)	War an der Universität von Mississippi männlicher Cheerleader

DER JUNGE LYNDON B. JOHNSON MANIPULIERT DIE STUDENTENWAHLEN UND ENTDECKT SEINE WAHRE BERUFUNG

Lyndon B. Johnson war während seines ersten Jahres auf der pädagogischen Hochschule von Southwest Texas vielleicht der unbeliebteste Student. Aber durch Campuspolitik und bahnbrechende Experimente in Sachen Wahlbetrug wurde der ungehobelte, prahlerische und speichelleckerische Johnson doch noch einer der führenden Studenten der Universität. Als er der populärsten Studentenverbindung, den *White Stars*, beitreten wollte, wurde er abgelehnt. Ebenso erging es ihm zunächst bei der geheimen Bruderschaft der *Black Stars*, die die White Stars bekämpfte. Aber dann heckte Johnson einen Plan aus, wie die *Black Stars* das von den *White Stars* beherrschte Studentenparlament übernehmen könnten. Er buddelte kompromittierende Informationen aus, mit denen er Kandidaten der *White Stars* dazu brachte, ihre Kandidatur zurückzuziehen. Außerdem entwickelte er einen Plan, rivalisierende Studenten von den Wahlurnen fernzuhalten, seine eigenen Freunde mehrfach deren Stimme abgeben zu lassen und lästige gegnerische Stimmzettel loszuwerden. Er führte sogar die Praxis des strategischen Flirten ein – wobei sich seine Mitstreiter von den *Black Stars* an Kommilitoninnen heranmachten, deren Stimmabgabe beeinflussten und ihnen nach dem Wahltag den Laufpass gaben. Johnsons Führungsqualitäten und Intriganz führten die *Black Stars* zum Sieg. Nach dem Studienabschluss übertrug Johnson seine Collegeerfahrungen auf die große Politik. Als er 1948 in Texas für einen Sitz im US-Senat kandidierte, soll er dafür gesorgt haben, dass die Wahlleiter aus ihm wohlgesonnenen Bezirken die Auszählungsergebnisse zurückhielten, bis er wusste, wie viele Stimmen er noch zum Sieg benötigte. Gerade als es so auszusehen begann, als würde er mit hundert Stimmen verlieren, tauchte eine „verschwundene" Wahlurne aus Duval County mit 203 Stimmzetteln auf, von denen 202 auf Johnson lauteten, wobei die Wähler geheimnisvollerweise ihre Stimme exakt in alphabetischer Reihenfolge abgegeben hatten.

Politische Lehre: Früh anfangen, und wenn etwas einmal funktioniert hat – einfach so weitermachen.

SANDKASTENPOLITIK
WIE MAN KINDHEITSERFAHRUNGEN AUF POLITISCHE SITUATIONEN ÜBERTRÄGT

Politisches Problem	Kindheitsäquivalent	Kindheitslösung	Politische Lösung
Mächtiger Gegner droht einen fertig zu machen	Klassenschläger will dich verprügeln	Aufmerksamkeit des Schlägers auf anderen Schüler lenken, den man nicht leiden kann, damit er den verkloppt	Pakt mit dem Rivalen schließen, damit er einen gemeinsamen Gegner fertigmacht
Mit Spenden aus zweifelhaften Quellen erwischt worden	Mit der Hand in der Keksdose erwischt worden	Die Eltern verantwortlich machen, die einem nicht genug zu essen geben	Das System verantwortlich machen, das Politiker dazu zwingt, Spendengelder aufzutreiben
Keine Zeit gehabt, Gesetzesvorlage vor der Abstimmung zu lesen	Keine Zeit gehabt, Hausaufgabe zu machen	Klassenstreber bestechen, damit er das für einen erledigt	Mitarbeitern befehlen, die Vorlage zu lesen und kurz zusammenzufassen
Umfragewerte im Keller	In der Schule unbeliebt	Tu das selbe, was die beliebten Typen machen	Bemächtigen Sie sich eines populären politischen Themas
Interessengruppe verweigert die Unterstützung	Klassenschönheit zeigt dir die kalte Schulter	Gerücht in Umlauf setzen, dass die Klassenschönheit Herpes hat	Gerücht in Umlauf bringen, dass die Führung der Interessengruppe in einen Skandal verwickelt ist
Rivalen verhöhnen einen wegen peinlichen Vorfalls	Klassenkameraden machen sich über dich lustig	Den Schwächsten davon zusammenschlagen	Den schwächsten Rivalen öffentlich demütigen

WIE MAN MIT FAMILIÄREN SCHWACHPUNKTEN UMGEHT

PEINLICHE ELTERN
Zeichnen Sie sich durch Tugenden aus, die den Lastern Ihrer Eltern entgegenstehen.
Heben Sie hervor, wie viel Zeit und Geld Sie in Organisationen investieren, die Alkoholismus und Alkohol am Steuer bekämpfen, falls Vater und/oder Mutter als Säufer stadtbekannt sind/ist.

Bauen Sie die Schwächen Ihrer Eltern positiv in Ihre Wahlkampagne ein.
Treten Sie gegen Spielsucht, Drogen, Stehlen, Lügen, Betrügen und Unzucht ein, und gestehen Sie, dass Sie aus erster Hand wissen, wieviel Unheil damit angerichtet werden kann. Betonen Sie, wie viel Charakterstärke es Sie gekostet hat, dem Teufelskreis zu entrinnen.

Betonen Sie das Gute
Sprechen Sie liebevoll von Kindheitserinnerungen und all dem Guten, das Ihre Eltern für Sie getan, und den positiven Charakterzügen, die Sie von ihnen geerbt haben.

Leisten Sie Wiedergutmachung
Bieten Sie den Opfern der Fehltritte Ihrer Eltern finanzielle Entschädigung an. Sollte die Finanzierung zu teuer oder rechtlich bedenklich sein, widmen Sie ihnen einfach etwas Zeit.

Heben Sie sich ab von den Lastern und Fehlern Ihrer Familie.

MISSRATENE GESCHWISTER

Gestatten Sie Ihren ungeratenen Geschwistern nie, in Ihrer Wahlkampagne mitzuarbeiten.
Weisen Sie jegliches Hilfsangebot zurück. Verhindern Sie, dass Ihre Anverwandten sich in irgendeiner Weise an Ihre politische Karriere anhängen.

Schicken Sie Ihre missliebigen Geschwister in die Wüste.
Verbieten Sie ihnen, bei geschäftlichen, sozialen oder politischen Auftritten anwesend zu sein.

Halten Sie Abstand.
Fotos von Ihnen und Ihren missratenen Geschwistern könnten von politischen Gegnern missbraucht werden. Bei Familientreffen oder anderen Veranstaltungen, an denen Sie und diese Geschwister teilnehmen, halten Sie mindestens drei Meter Abstand, damit niemand einen Schnappschuss von Ihnen gemeinsam machen kann.

Stellen Sie Ihre Beziehung zu präsentableren Familienmitgliedern heraus.
Sorgen Sie dafür, dass es zahlreiche Bilder gibt, die Sie zeigen, wie Sie den Arm um brave Geschwister und andere wohlerzogene Verwandte legen. Diese Fotos werden Sie als wahren Familienmenschen ausweisen, während missratene Geschwister auf Distanz gebracht werden.

Äußern Sie sich nie öffentlich über Ihre missratenen Geschwister.
Falls Reporter oder Wähler Sie nach den Verfehlungen und Unarten Ihrer Geschwister befragen, erwidern Sie, dass Sie Familienangelegenheiten nie in der Öffentlichkeit diskutieren.

Verbreiten Sie Geschichten über Familienskandale erfolgreicher Politiker.
Lassen Sie durch Ihre Mitarbeiter der Presse gegenüber verlauten, dass andere Politiker noch viel missratenere Geschwister haben. Betonen Sie, dass es diese Politiker nie davon abgehalten hat, im Amt gute Arbeit zu leisten.

TREULOSE EHEGATTIN
Erwidern Sie Untreue mit Liebe.
Lassen Sie sich darüber aus, wie Liebe, Loyalität und Ihr Glaube an die Institution der Ehe Ihre Beziehung gerettet haben, trotz aller Fehler und Untugenden Ihrer Frau.

Seien Sie versöhnlich, aber wachsam.
Vermeiden Sie den Eindruck allzugroßer Nachsichtigkeit gegenüber den Unzulänglichkeiten Ihrer Frau, damit Sie am Ende nicht wie ein leichtgläubiger Trottel dastehen.

Behalten Sie den Überblick.
Breiten Sie nie die schmutzigen Details Ihres Ehelebens vor Reportern aus, ergehen Sie sich vielmehr in Allgemeinplätzen über Vergebung und Wachsen in einer Beziehung.

PROBLEMKINDER
Identifizieren Sie sich mit anderen.
Engagieren Sie sich in Organisationen für Kinder und Eltern, die dieselben Probleme durchmachen wie Sie und Ihre Familie.

Betonen Sie, wie sehr Sie und Ihre Frau sich der Probleme des Kindes annehmen.
Lassen Sie von Mitarbeitern in den Medien Geschichten über Ihre Anstrengungen verbreiten, dem Kind alles zu geben, was es braucht, und es auf den richtigen Weg zu führen.

Verstecken Sie Ihr Kind.

Schieben Sie das Problemkind in ein Ferienlager oder entlegenes Internat ab, oder schicken Sie ihn oder sie zu einem längeren Aufenthalt in eine Entzugsklinik, wenn Ihr Wahlkampf in die entscheidende Phase eintritt.

POLITIK KURZ UND BÜNDIG

1927 wurde Charles D. B. King mit einem Vorsprung von 500 000 Stimmen als Präsident von Liberia wiedergewählt. Zu diesem Zeitpunkt waren in Liberia weniger als 15 000 Wähler registriert. Später wurde King als Staatsoberhaupt von Liberia, das 1820 von befreiten amerikanischen Sklaven gegründet worden war, seines Amtes enthoben – ein Bericht des Völkerbunds hatte aufgedeckt, dass er in den Sklavenhandel verwickelt war und seine armen Wähler in die Arbeitslager jener internationalen Firmen verkaufte, die seine Kampagne massiv unterstützt hatten.

SCHEIDUNG WÄRE EINFACHER GEWESEN
MARY, KÖNIGIN VON SCHOTTLAND, HEIRATET EINEN REIZENDEN MORDBUBEN

Gleich bei seiner Ankunft am schottischen Hof gewann der gut aussehende Engländer Lord Darnley das Herz der jungen Witwe Mary I., Königin von Schottland. Als Nachkomme des verstorbenen britischen Königs Heinrich VII. floss genügend königliches Blut in Darnleys Ader, dass Marys Sitz auf dem schottischen Thron gefestigt wurde. Auch bestand eine sehr hohe Wahrscheinlichkeit, dass ihre Sprösslinge die nächsten britischen und schottischen Monarchen werden würden. Mary nannte Darnley den „bestproportionierten großen Mann, dem ich je begegnet bin" und heiratete ihn 1565. Doch der neunzehnjährige Darnley erwies sich als arrogant, grausam, unreif und überraschend dumm. Er verprasste den größten Teil von Marys Vermögen, das meiste davon für Frauenkleider, die er selbst trug. Der Alkoholiker Darnley präsentierte sich öffentlich als regelrechte Drag-Queen und beschimpfte seine Frau und ihre Anhänger. Trotz seiner wachsenden Unpopularität bestand er darauf, dass Mary ihn als Mitregenten von Schottland einsetzte. Als sie sich weigerte, heuerte er eine Mörderbande an, um Marys Vertrauten und Berater David Ricco vor den Augen der entsetzten Königin umzubringen. Anschließend verprügelte er Mary und sperrte sie im Schlafzimmer ein. Er hoffte, der Schock über den Mord und die körperliche Misshandlung würden bei der schwangeren Königin zu einer Fehlgeburt führen – und so Darnleys zukünftigen Rivalen um den Thron von England und Schottland eliminieren. Mary gelang die Flucht, und sie lockte den einfältigen Darnley zur „Versöhnung" in ein Cottage in Edinburgh, das dann mitten in der Nacht explodierte, kurz nachdem Mary sich still und leise aus dem Bett ihres schlafenden Gatten geschlichen hatte. Am nächsten Morgen fand man Darnley tot in den Trümmern. Obwohl fast ganz Schottland seinen Tod begrüßte, lieferte er Marys mächtiger Rivalin Elisabeth, Königin von England, im nächsten Jahr den Vorwand, sie verhaften zu lassen, weil Darnley genaugenommen englischer Staatsbürger war.

Politische Lehre: Das Erscheinungsbild ist wichtig, aber lassen Sie sich nicht von einem hübschen Gesicht blenden.

MISSRATENE GESCHWISTER

Politiker	Position	Schlimme Geschwister	Schandtaten
Hillary Clinton	First Lady der USA (1993-2001); US-Senatorin (2000-)	Tony und Hugh Rodham	Taten sich mit russischem Mafioso zu einem 118 Millionen Dollar schweren Haselnuss-Exportschwindel zusammen; beide Brüder prügelten sich im Rausch mit dem Ehemann einer Frau, die Tony in einer Bar aufgelesen hatte
Publius Clodius	Römischer Patrizier und Tribun (1. Jh. v. Chr.)	Clodia Metelli	Die „Medea des Palatin" war eine verrufene, spielsüchtige Alkoholikerin und Nymphomanin, die für zahlreiche Skandale sorgte und nach einem undurchsichtigen Mordprozess für den Rest ihres Lebens untertauchen musste
Johannes II.	Herrscher des Byzantinischen Reichs (1118-43)	Anna Comnena	Konspirierte mit ihrer Mutter in einem gescheiterten Versuch, ihren Bruder zu stürzen und dafür ihren Ehemann auf den Thron zu setzen
König Sansang	Herrscher von Nordkorea (196-227 n. Chr.)	Balgi	Weigerte sich, seinen jüngeren Bruder als König zu akzeptieren; sammelte eine Armee, um die Hauptstadt zu erobern, verlor und wurde gezwungen, Selbstmord zu begehen
Ptolemäus XIV.	Co-Herrscher von Ägypten (47-44 v. Chr.)	Cleopatra VII.	Vergiftete ihren jüngeren Bruder/Ehemann, um ihren Sohn Caesarion auf den Thron zu setzen
Giovanni Borgia	Herzog von Palestrina (1501-48)	Cesare Borgia	Hatte eine Affäre mit der Frau seines jüngeren Bruders Jofré; brachte seinen älteren Bruder um, als er herausfand, dass der es auch mit ihr trieb

OH, BROTHER!
JIMMY CARTERS ORDINÄRER BRUDER UNTERMINIERT SEINE PRÄSIDENTSCHAFT

Galoppierende Inflation, eine beschämende Geiselkrise im Iran und die schwache Wirtschaft trugen zur vernichtenden Niederlage Jimmy Carters bei den 1980er Präsidentschaftswahlen in Amerika bei – aber sein kleiner Bruder tat auch das seine dazu, Jimmy die bitterste Niederlage aller amtierenden amerikanischen Präsidenten zuzufügen. Billy Carter hielt sich für einen „echten Südstaatenkerl" mit „roten Backen, weißen Socken und Blue Ribbon Beer". Als sein Bruder Jimmy, damals Gouverneur von Georgia, überraschend demokratischer Präsidentschaftskandidat wurde, stürzten sich die Medien auf Carters kleine Heimatstadt Plains in Georgia, um mehr über den recht unbekannten Politiker zu erfahren. Billy ergötzte die Pressemeute mit exzessivem Biergenuss, lautstarkem Rülpsen, unflätigen Zoten, peinlichen Familienanekdoten und anderen flegelhaften Verhaltensweisen. Während er mit einer Gruppe ausländischer Würdenträger und Reporter auf ein Flugzeug wartete, zog er in aller Öffentlichkeit den Reißverschluss herunter und urinierte auf den Asphalt. Als sein Bruder Jimmy 1980 zur Wiederwahl antrat, tauchten Berichte auf, dass Billy aus Libyen über 200 000 Dollar an „Krediten" erhalten hatte, um die Kampagne des Präsidenten zu unterstützen. Jimmy Carter, dessen Präsidentschaft auf dem Versprechen von Ehrlichkeit und Integrität aufgebaut war, sah seine Umfragewerte in den Keller plumpsen.

Politische Lehre: Seien Sie Ihres Bruders Hüter, jedenfalls bis nach der Wahl.

POLITIK KURZ UND BÜNDIG

Präsident Lyndon Johnson ließ in den Monaten vor der Wahl 1964 seinen Bruder Sam Johnson vom Geheimdienst behüten, und zwar unter Hausarrest im Weißen Haus. Der Präsident wollte seinem kleinen Bruder die Angewohnheit austreiben, sich in den Bars von Washington von Reportern freihalten zu lassen, die ihm im Suff kompromittierende Einzelheiten über den Präsidenten entlockten.

MARK THATCHER
POLITISCHES PROBLEMKIND

Missetaten: Fiel während der Amtszeit seiner Mutter als Premierministerin von England (1979 bis 1990) durch eine Reihe von Skandalen und Fehlschlägen unangenehm auf ★ Wegen der Finanzierung eines missglückten Staatsstreichs im afrikanischen Äquatorialguinea verhaftet ★ Bei einem unsauberen Kreditgeschäft in Südafrika ertappt ★ Aus Monaco wegen dubioser Geschäfte als unerwünschte Person ausgewiesen ★ Sechs Tage lang vermisst, als er während einer Rallye in der Sahara fünfzig Kilometer vom Kurs abkam ★ Kassierte während der Amtszeit seiner Mutter als Premierministerin von seinen Klienten Millionenprovisionen für Regierungsaufträge ★ Putzte den amerikanischen Milliardär und Philanthropen Walter Annenberg während einer Dinnerparty in dessen eigenem Haus herunter, weil der Rotwein in den falschen Gläsern serviert wurde

Geboren: 15. August 1953 in London, England
Familie: Zwillingsschwester: Carol, Journalistin ★ Vater: Sir Dennis Thatcher (1915-2003), Baron und erfolgreicher Geschäftsmann ★ Mutter: Margaret Thatcher (1925-), britische Premierministerin (1979-1990)
Spitznamen: „Dickerchen", „Scratcher", „Problem-Mark"
Ausbildung: Besuchte Harrow, eine renommierte Privatschule in Westlondon
Erster Job: Entlassen von Touche Ross, einer Londoner Wirtschaftsprüfungsfirma, nachdem er dreimal an der Lizenz zum Wirtschaftsprüfer gescheitert war
Zitat: „Verlass das Land." – Margaret Thatchers Pressesekretär Bernard Ingham auf Marks Frage, was er denn für die Wiederwahl seiner Mutter 1987 tun könne.

ZU WEIT GEGANGEN
MEHMED III. RÄUMT ALLE ZWEIFEL AN SEINEN AMBITIONEN AUF DEN SULTANSTHRON AUS UND ALLE MÄNNLICHEN VERWANDTEN BEISEITE

Die männlichen Verwandten umzubringen gehörte im 15. Jahrhundert sozusagen zur Amtseinführung eines Sultans des ottomanischen Reichs – damit ließen sich Kriege und Bürgerkriege um die Nachfolge zwischen Söhnen und Neffen des sterbenden Sultans entschärfen. Aber Sultan Mehmet III., der das ottomanische Reich 1595 übernahm, befleißigte sich bei diesem Brauch übertriebener Gründlichkeit, denn er brachte nicht nur seine zwei Dutzend Brüder und Neffen, sondern auch mehr als zwanzig Schwestern um die Ecke, weil die ja männliche Nachkommenschaft produzieren hätten können, die ihm den Rang streitig machte. Die Regierungsgeschäfte des ottomanischen Reichs führte während Mehmets Regentschaft hauptsächlich seine Mutter; nachdem Mehmet sich den Weg zur Spitze freigemordet hatte, zeigte er wenig Interesse am Regieren. In einem Feldzug gegen Österreich und die Habsburger mussten seine Statthalter ihn mit Gewalt daran hindern, das Schlachtfeld fluchtartig zu verlassen. Im nächsten Jahr wurde Mehmet dann von weiterem Militärdienst freigestellt, da seine Ärzte ihm bescheinigten, durch königliches Nichtstun und Völlerei so fett geworden zu sein, dass er zum General nicht mehr taugte.

Politische Lehre: Zu enge Verbindungen können tödlich sein.

POLITIK KURZ UND BÜNDIG

Caesar Augustus, der erste römische Kaiser, war so angewidert von Heimtücke und Hinterlist seiner einzigen Tochter Julia, dass er sie zu einem einsamen Leben auf Pandateria, einer unbewohnten, nur 800 Meter breiten Insel im Mittelmeer verbannte.

PROBLEMKINDER

Politiker	Position	Kind	Problem	Kriminelle Energie
Kim Jong-il	Führer von Nordkorea (1974-)	Kim Jong-nam	Machte zahlreiche heimliche Abstecher zu Prostituierten in Japan, bevor man ihn unter falschem Namen in Tokio aufgriff, wo er angeblich Disneyland besuchen wollte	**
Joan Mont	Kreisratsvorsitzende von East Sussex, England	Fiona „Die Katze" Mont	Entkam zweimal aus Polizeigewahrsam, wo sie wegen Wirtschaftsbetrugs saß. Während einer dreijährigen Flucht quer durch Europa mit ihrem Freund, dem Drogenschmuggler Graham „Der Baron" Hesketh, wurde sie zu Großbritanniens meistgesuchter Verbrecherin und zum Medienstar	***
Suharto	Indonesischer Präsident (1967-98)	Tommy Suharto	Heuerte einen Killer an, um einen Richter zu ermorden, der ihn der Korruption schuldig gesprochen hatte	****
Saddam Hussein	Irakischer Präsident (1979-2003)	Uday	Ermordete Kamal Hana, einen alten Freund und persönlichen Berater seines Vaters, bei einem Staatsbankett mit dem elektrischen Tranchiermesser	****
Birendra Bir Bikram Shah Dev	König von Nepal (1972-2001)	Prinz Dipendra	Betrank sich, griff sich ein M 16-Gewehr, schoss erst Vater, Mutter und Geschwister tot, dann richtete er die Waffe gegen sich selbst	*****

WHO'S WHO DER ALLERSCHLIMMSTEN

MESSALINA
NYMPHOMANIN UND RÖMISCHE KAISERIN

Missetaten: Heiratete auf Geheiß von Kaiser Caligula den Claudius Caesar Augustus und wurde zur Kaiserin, als dieser Caligula im Jahr 41 an der Spitze des römischen Reichs ablöste ★ Beging Bigamie, während Claudius in Staatsgeschäften unterwegs war, heiratete Senator Silius in einer öffentlichen Zeremonie und stiftete ihn dazu an, den Kaiser bei seiner Rückkehr nach Rom zu ermorden ★ Arrangierte ein Sexduell zwischen der legendären römischen Prostituierten Scylla und sich selbst, um festzustellen, wer in einer Nacht mit mehr Männern Geschlechtsverkehr haben konnte; als der Morgen graute, gestand Scylla erschöpft ihre Niederlage ein, während Kaiserin Messalina noch eifrig bei der Sache war ★ Missbrauchte ihre Macht und ihren unermesslichen Reichtum, um ihre Rivalen und jeden, der nicht mit ihr ins Bett wollte, ermorden oder verbannen zu lassen ★ Ihr wurde die Ehre zuteil, bei öffentlichen Veranstaltungen mit den vestalischen Jungfrauen in der ersten Reihe zu sitzen

Geboren: um 25 n. Chr.

Gestorben: 48 n. Chr.

Spitzname: „Die Wölfin"

Ausbildung: Unbekannt, aber angesichts ihrer angesehenen Familie so gut wie die jeder anderen römischen Frau.

Erster Job: Da sie schon reich war, bevor sie Kaiserin wurde, musste Messalina nicht arbeiten, verdiente sich aber trotzdem unter dem Decknamen „Die Wölfin" in einem römischen Bordell mit blonder Perücke ein Zubrot, während ihr Mann Claudius im kaiserlichen Palast schlief.

Zitat: „Dein Leben ist zu Ende. Dir bleibt nur noch ein anständiger Abgang." Messalinas Mutter Lepida, die ihre Tochter zum Selbstmord drängte, als ihr Ehemann nach dem gescheiterten Mordversuch an ihm seine Soldaten schickte, um sie zu exekutieren. Aber sie brachte es nicht fertig und wurde von Claudius' Soldaten getötet.

HOUSTON, SIE HABEN EIN HÄUSLICHES PROBLEM
EHESTREIT MACHT POPULÄREN GOUVERNEUR ZUM OPFER EINES LYNCHMOBS

Nur weil er Streit mit seiner Frau hatte, verwandelte sich Sam Houston vom meistversprechenden jungen Politiker der Vereinigten Staaten zum Gejagten, der aus dem Land fliehen musste. Im Frühjahr 1829 befand er sich in der ersten Amtszeit als Gouverneur seines Heimatstaats Tennessee. Er war beliebt und galt als sichere Bank für die Wiederwahl im Herbst und als wahrscheinlicher Nachfolger seines Mentors Andrew Jackson im Amt des US-Präsidenten. Zur Untermauerung seiner politischen Karriere hatte Houston in eine reiche und mächtige Nashville-Dynastie eingeheiratet. Doch die arrangierte Ehe mit der achtzehnjährigen Eliza Allen lief nicht besonders gut. Eines Nachmittags hatte Houston eine heftige Auseinandersetzung mit ihr, während der sie ihm angeblich an den Kopf warf, dass sie einen anderen liebte. Wie man hört, soll Houston Eliza daraufhin der Untreue bezichtigt haben. Im amerikanischen Süden galt es im frühen 19. Jahrhundert noch als schwere Beleidigung, die Tugend einer aristokratischen Frau in Zweifel zu ziehen. Eine aufgebrachte Menge versammelte sich auf der Straße vor dem Haus des Gouverneurs und verbrannte Puppen, die Houston darstellten. Aus Angst, von seinen Wählern gelyncht zu werden, floh Houston aus Nashville. Er musste zurücktreten und versprechen, nie wieder einen Fuß auf das Gebiet von Tennessee zu setzen.

Politische Lehre: Häusliche Probleme bedeuten Probleme im Amt.

LEICHEN IM KELLER

Politiker	Leiche im Keller
Kurt Waldheim Generalsekretär der Vereinten Nationen (1972-81); österreichischer Präsident (1986-91)	Diente während des Zweiten Weltkriegs als Nazi-Offizier und war einmal nur wenige Kilometer von einem Durchgangslager entfernt stationiert
Philomena Bijlhout Holländische Ministerin für Emanzipation und Familie (2002)	Musste als Mitglied des holländischen Kabinetts zurücktreten, als ein altes Foto bewies, dass sie in Surinam einer Miliz angehört hatte, die dafür berüchtigt war, ihre politischen Gegner zu ermorden
Tenzin Gyatso 14. Dalai Lama, Staatsoberhaupt von Tibet (1950-59)	Hatte langjährige Verbindungen zur CIA, die ihm Millionen Dollar, auch zum Aufbau einer Guerillaarmee, zur Verfügung stellte
Thomas Eagleton Demokratischer US-Vizepräsidentschaftskandidat (1972)	Wurde dreimal in eine Nervenklinik eingeliefert und zweimal mit Elektroschocks behandelt
Allen Yancey Vizepräsident von Liberia (1928-30)	Musste zurücktreten, nachdem ein Bericht des Völkerbunds ihn als Sklavenhändler enttarnte
Benito Mussolini Faschistischer Diktator Italiens (1922-43)	Drückte sich als junger Mann vor dem Militärdienst, indem er in die Schweiz flüchtete

WIE MAN WÄHREND DER GRIPPEZEIT MIT BEGRÜSSUNGSKOMITEES UMGEHT

Nehmen Sie Abwehrhaltung ein.
Stellen Sie sich so hin, dass sie nicht direkt vor dem hustenden oder sonstwie ansteckenden Wähler stehen. Legen Sie ihm einen Arm um die Schultern und treten Sie neben ihn. Blicken Sie in dieselbe Richtung wie er, so dass sein Gehuste und Gekeuche an Ihnen vorbei geht.

Üben Sie, die Luft anzuhalten.
Wenn Sie einem ansteckenden Wähler absolut nicht ausweichen können, holen Sie kurz und flach Luft. Wenden Sie Mund und Nase ab, um seinen möglicherweise infektiösen Atem zu meiden, während Sie jedoch den Blickkontakt nie abreißen lassen. Dann, wenn der Kerl weg ist, wenden Sie den Blick zum Himmel und pumpen die Lungen voll frischer Luft, bevor der nächste Bakterienträger sich vor Ihnen aufbaut.

Kein Händeschütteln.
Vermeiden Sie möglichst jedes Händeschütteln – wodurch zahllose Keime übertragen werden können – mit infektiösen Wählern. Ergreifen Sie stattdessen die Initiative und stellen den Erstkontakt mit einem Schlag auf den Rücken oder einem Griff zum Ellbogen oder Unterarm her. Kinder grundsätzlich am Kopf tätscheln.

Eine abwehrende Haltung annehmen.

Den Wähler beim Ellenbogen packen. Desinfektionsspray nicht vergessen.

Fassen Sie sich nicht ins Gesicht.

Händeschütteln überträgt Millionen von Keimen auf Ihre Finger und Handflächen. Vermeiden Sie, diese mit Nase und Mund in Kontakt zu bringen – das erhöht die Ansteckungsgefahr –, indem Sie standhaft der Versuchung widerstehen, sich ins Gesicht zu fassen, bevor Sie sich gründlich dekontaminieren konnten.

Heimlich desinfizieren.

Führen Sie eine kleine Flasche Desinfektionsspray und ein Taschentuch mit sich. Zwischen den unvermeidlichen Kontakten mit ansteckenden Wählern greifen Sie in die Hosentasche, spritzen sich ein wenig Desinfektionsmittel in die Hand und wischen sie am Taschentuch ab. Ziehen Sie die Hand wieder heraus und fahren Sie mit der Begrüßung des/der Wähler/s fort.

GUTES AUSSEHEN IST NICHT ALLES
DER MANN, DER DOCH NICHT KÖNIG WURDE

Obwohl er Ausländer war, aus einer Arbeiterfamilie stammte und keinerlei Verbindung zum britischen Königshaus besaß, verbrachte Perkin Warbeck sein Leben damit, die Leute davon zu überzeugen, dass er der lang verschollene König von England sei. Der junge Warbeck, gegen 1474 in Flandern geboren, stand zunächst im Dienst einiger unbedeutender europäischer Aristokraten. Dabei fiel er dem Hause York auf, der britischen Exildynastie, die den Thron von König Heinrich VII. aus dem Hause Tudor zurückgewinnen wollte. Da Warbeck den Yorks sehr ähnlich sah, rekrutierten sie ihn dafür, ihren schon lange verstorbenen Verwandten Richard of Shrewsbury zu spielen – Sohn des ehemaligen englischen Königs Edward IV. Shrewsbury war schon Jahre zuvor von seinem Onkel Richard III. massakriert worden. Aber wäre er noch am Leben gewesen, hätte er in den Augen der Yorks und vieler anderer durchaus als legitimer König von England gelten können. König Jakob IV. von Schottland gab Warbeck sogar seine älteste Tochter zur Frau. Außerdem tat er sich mit verschiedenen anderen europäischen Monarchen zusammen, um Warbeck mit Geld, Schiffen und Soldaten für eine Invasion Englands auszustatten, wo er einen Bürgerkrieg entfesseln und den Thron für sich beanspruchen sollte. Nach zwei vergeblichen Anläufen fiel Warbeck schließlich 1497 in England ein. Er landete in Cornwall, erklärte sich in gebrochenem Englisch zu König Richard IV. und gewann die Unterstützung von ein paar Hundert steuermüden Bauern. Doch beim ersten Anblick der englischen Streitkräfte floh Warbeck und versteckte sich in einem Nonnenkloster, wo er ein paar Tage später aufgegriffen wurde. Genau wie Richard of Shrewsbury, der Mann, der er vorgab zu sein, wurde Warbeck im Tower von London festgesetzt und später hingerichtet.

Politische Lehre: Seien Sie vorsichtig mit der Schauspielerei, man könnte Sie ernst nehmen.

WAS PROMINENTE POLITIKER TATEN, BEVOR SIE INS AMT KAMEN

Wer	Machtposition	Frühere Stellung
Zhu Yuanzhang	Chinesischer Kaiser (1368-98), Gründer der Ming-Dynastie	Kuhhirte
Mansa Sakura	Herrscher von Mali (1285-1300)	Sklave
Hideo Higashikokubaru	Gouverneur von Miyazaki in Japan (2007-)	Komiker
Incitatus	Römischer „Pferde"-Senator (39-41 n.Chr.)	Lieblingspferd von Kaiser Caligula
Tom DeLay	Republikanischer Mehrheitsführer im US-Repräsentantenhaus (2002-05)	Kammerjäger
Conrad Burns	US-Senator (1989-2007)	Rinderauktionator
Yasuo Tanaka	Gouverneur von Nagano, Japan (2002-06)	Sexkolumnist

POLITIK KURZ UND BÜNDIG

Robert Casey wurde endlich von 1987 bis 1995 Gouverneur von Pennsylvania, nachdem er zwei frühere Wahlen verloren hatte, weil seine Gegner Männer mit gleichlautendem Namen (Robert Casey) als Gegenkandidaten aufstellten. Die damit erzeugte Verwirrung kostete ihn 1976 die Wahl zum Finanzminister und 1978 die Nominierung zum Vizegouverneur.

RAUSCHENDE WAHLNÄCHTE
ITALIENISCHER PORNOSTAR INS PARLAMENT GEWÄHLT

Ilona Staller ist bisher der einzige Mensch, der den Sprung vom Pornodarsteller zu einer Hauptrolle in der Politik schaffte. Nachdem sie zehn Jahre lang als Model in Italien gearbeitet hatte, entdeckte die in Ungarn geborene Staller ihr Talent fürs Radio und übernahm die populäre Show *Willst du heute Nacht mit mir schlafen?* (bei Radio Luna). Zwei Jahre später debütierte sie unter ihrem Künstlernamen „Cicciolina" (Schnuckelchen) im Pornofilm. Sie vollführte eine außergewöhnliche Bandbreite von Sexualpraktiken in mehr als drei Dutzend Pornofilmen, darunter *Backfield in Motion*, *Bestiality* und *Pornopoker 2*. 1987 fügte sie ihrer schillernden Karriere mit der Kandidatur für einen Sitz im italienischen Parlament für die Radikale Partei eine neue Facette hinzu. Angeödet vom ewigen politischen Einerlei stimmten die Wähler für Staller, die mit dem Wahlkampfslogan „Nieder mit der Nuklearenergie, hoch mit der sexuellen Energie" ins Rennen ging. Ihren Sieg feierte sie mit Anhängern auf der Piazza Navona in Rom, indem sie ihre Brüste entblößte. Zu ihrer ersten Parlamentssitzung erschien sie im paillettierten grünen Kleid, begleitet von vier jungen Damen in Reizwäsche. Während ihrer fünfjährigen Amtszeit in der italienischen Legislative setzte sie sich für nukleare Abrüstung, Menschenrechte, Tierschutz, den Weltfrieden und Maßnahmen gegen Armut ein. Nebenbei spielte sie weiter in Pornofilmen. Die Staller gründete schließlich ihre eigene Partei, die *Partito dell'Amore* (Partei der Liebe) und stellte sich 1992 zusammen mit der Stripperin Moanna Pazzi zur Wiederwahl. Sie erhielt nur ein Prozent der Stimmen, da die Wähler ihre Mischung aus persönlicher Unmoral und moralischem Pathos satthatten.

Politische Lehre: Ein Gag allein genügt nicht für eine lange politische Karriere.

EUPHEMISMEN IM LEBENSLAUF

Was man getan hat	Wie man es nennt
Für eine Firma mit eigener Website gearbeitet	Internetpionier
Mit Firma pleitegegangen	Erfahrener Unternehmer
Bankrott erklärt	Fiskalischer Realist
Im Hinterhof Tomaten gepflanzt	Besitzer eines kleinen Hofes
Kinder gekriegt	Anwalt der Kinder
Gefeuert worden	Freund der arbeitenden Bevölkerung
Verhaftet worden	Erfahrung in der Polizeiarbeit
Studium abgebrochen	Aus Erfahrung gelernt
Wechselt ständig den Standpunkt	Junger Wilder

POLITIK KURZ UND BÜNDIG

Shaka Zulu, von 1818 bis 29 König des südafrikanischen Stamms der Zulu, wurde nach einem Parasiten benannt. Als seine unverheiratete Mutter schwanger wurde, erzählte sie überall herum, dass ihr dicker Bauch durch einen parasitischen Käfer oder „Shaka" verursacht worden sei, einer in der Gegend verbreiteten Erkrankung des Verdauungstrakts. Nach seiner Geburt wurde der Kleine als „Shaka" verhöhnt, aber er und seine Mutter blieben aus Trotz bei dem Spitznamen.

UNHEIMLICHER ALS SEINE EIGENEN ERZÄHLUNGEN
EDGAR ALLAN POE STIRBT AN WAHLBETRUG

Der amerikanische Schriftsteller und Poet Edgar Allan Poe wurde am 3. Oktober 1849 – dem Wahltag – in Baltimores Straßen vor der Bar Gunner's Hall, die als Wahllokal diente, bewusstlos aufgefunden. Der berühmte Autor war übel zugerichtet, betrunken und trug die schlecht sitzenden Stiefel und Kleider eines anderen Mannes. Die meisten Literaturwissenschaftler glauben, dass Poe ein Opfer sogenannter „Wahlschlepper" geworden war, einer im 19. Jahrhundert verbreiteten Art des Wahlbetrugs, bei dem politische Stoßtrupps Leute auf offener Straße entführten, sie einsperrten, mit Alkohol abfüllten und so lange verprügelten, bis sie alles taten, was man von ihnen verlangte. Dann wurden sie von Wahllokal zu Wahllokal gekarrt, um ihre Stimme bei der Wahl so oft wie möglich abzugeben. Manchmal zwang man sie sogar, die Kleidung zu wechseln, damit sie noch eine weitere Runde durch die Wahllokale drehen konnten, ohne dass jemand merkte, dass sie schon abgestimmt hatten. Einige angesehene Biografen und Gelehrte haben andere Theorien aufgestellt, wie Poe in diesen jämmerlichen Zustand geraten sein könnte, beispielsweise durch einen Raubüberfall, Alkoholmissbrauch oder die Attacke einer eifersüchtigen Geliebten. Doch keine davon erklärt zufriedenstellend, warum Poe in schlecht sitzenden Kleidern aufgefunden wurde, die nicht seine eigenen waren, oder was er vor diesem Wahllokal zu suchen hatte. Poe wurde ins Krankenhaus gebracht, kam jedoch nie wieder soweit zu Bewusstsein, dass er sagen konnte, was ihm zugestoßen war. Er starb in den frühen Morgenstunden des 7. Oktober 1849.

Politische Lehre: Korrupte Politik verschont niemanden.

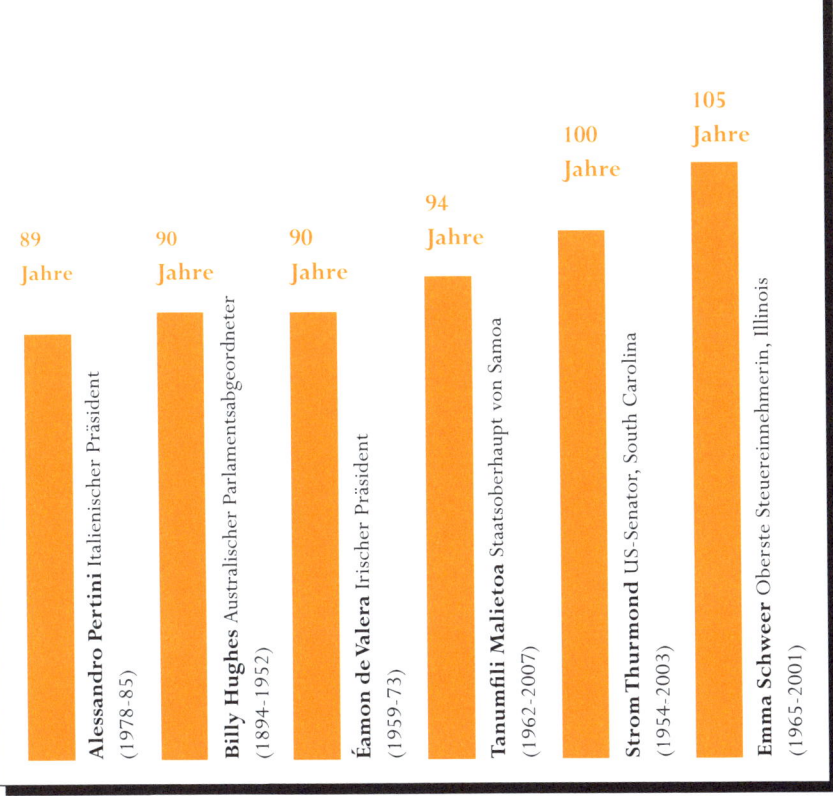# DIE ÄLTESTEN GEWÄHLTEN AMTSINHABER

- 89 Jahre — **Alessandro Pertini** Italienischer Präsident (1978-85)
- 90 Jahre — **Billy Hughes** Australischer Parlamentsabgeordneter (1894-1952)
- 90 Jahre — **Éamon de Valera** Irischer Präsident (1959-73)
- 94 Jahre — **Tanumfili Malietoa** Staatsoberhaupt von Samoa (1962-2007)
- 100 Jahre — **Strom Thurmond** US-Senator, South Carolina (1954-2003)
- 105 Jahre — **Emma Schweer** Oberste Steuereinnehmerin, Illinois (1965-2001)

BLITZHEIRAT NIMMT SCHLIMMES ENDE
REGENTSCHAFT EINER TEENAGER-KÖNIGIN DRASTISCH VERKÜRZT

Das Einzige, wodurch sich die unerfahrene junge Lady Jane Grey als Königin von England auszeichnete, ist die kürzeste Regentschaft aller Monarchen der britischen Geschichte. Als der kinderlose König Eduard VI. im Sommer 1553 an Tuberkulose im Sterben lag, fürchtete sein langjähriger Berater, der ehrgeizige Lord Northumberland, dass der Tod des Königs auch seiner eigenen politischen Karriere ein Ende setzen würde. Nach dem Tod des Königs war seine älteste Schwester Mary die legitime Thronfolgerin. Aber sie galt als fromme Katholikin, und Northumberland war zu Macht und Reichtum gelangt, indem er unter Eduards Vorgänger katholische Klöster ausplünderte. Er wusste, dass er alles, sogar sein Leben, verlieren konnte, wenn Mary oder ein anderer katholischer Monarch an die Macht kam. Also schmiedete Northumberland einen Plan, die protestantische Cousine des Königs, die schüchterne, unpolitische, sechzehnjährige Lady Jane Grey auf den Thron zu hieven. Zunächst überzeugte er Janes Eltern, ihre Tochter seinem Sohn Guilford zur Frau zu geben. Nach Eduards Tod brachte er die widerstrebende Jane mit einem Trick dazu, an einer Krönungszeremonie teilzunehmen, die sie zur Königin von England machte. Aber dann entkam die rechtmäßige Thronerbin Mary dem Hinterhalt, den Northumberland ihr gestellt hatte, und der Plan begann schiefzugehen. Sie scharte eine Armee von Anhängern um sich und marschierte auf London. Angesichts ihrer Streitmacht erklärte das Parlament Mary zur wahren Königin und Jane zur Hochverräterin. Nach nur neun Tagen Regentschaft musste sie dem Thron kampflos entsagen. Jane, Guilford und Northumberland wurden festgenommen, eingekerkert und schließlich einen Kopf kürzer gemacht.

Politische Lehre: Seien Sie auf der Hut, wenn Sie jemand zu Amt und Würden zwingen will.

DAS WEISSE HAUS VS. ISTANA NURUL IMAN

	Weißes Haus	Istana Nurul Iman
Ort	1600 Pennsylvania Avenue in Washington DC, Hauptstadt der Vereinigten Staaten	Knapp außerhalb von Bandar Seri Begawan, Hauptstadt von Brunei
Zweck	Beherbergt den US-Präsidenten und seine nächsten Familienangehörigen, sowie Büroräume für die höchstrangigen Regierungsmitglieder	Beherbergt Bruneis Staatsoberhaupt, den Sultan, und seine Familie, sowie Büroräume für den Premierminister und alle anderen Regierungsspitzen
Bauzeit	1792-1800 (Um- und Anbauten dauerten bis 1946 an)	1984
Stil	Georgianisch	Malaio-islamisch
Baukosten	232 371 Dollar	1,4 Milliarden Dollar
Anzahl der Räume	132 (35 Bäder)	1788 (257 Bäder)
Quadratmeter	5130	201 000
Essbereich	Bis zu 140 Gäste	Bis zu 4000 Gäste
Aufzüge	3	18
Annehmlichkeiten	Fünf Vollzeit-Köche, Kino, Putting-Green, Bowlingbahn im Keller	Klimatisierte Ställe für 200 Pferde, Moschee mit 1500 Plätzen, 564 Kronleuchter, eigene Rennstrecke

WIE MAN EIN SABBERNDES BABY KÜSST

Den Eltern das Baby abnehmen.
Stellen Sie die Füße etwa hüftbreit auseinander, um einen besseren Stand zu haben. Strecken Sie die Arme ganz aus und die Ellbogen ganz durch, um maximalen Abstand zu halten. Packen Sie das Baby fest unter den Armen, sodass es Ihnen zugewandt ist.

Sehen Sie es sich gut an.
Heben Sie die Arme, so dass der Kopf des Babys sich etwa 15 Zentimeter über Ihrem eigenen befindet. Lächeln Sie es breit und bewundernd an. Lassen Sie die Sabberströme des Babys nicht aus den Augen. Halten Sie diese Position lange genug, dass dünnflüssiger Sabber zwischen Ihnen beiden zu Boden platscht.

Küssen Sie das Kind.
Zielen Sie auf einen trockenen Bereich an Wangen oder Kinn des Babys. Wenn diese Bereiche alle versabbert sind, küssen Sie es auf die Stirn. Halten Sie diese Position lange genug, dass Ihr Stabsfotograf und alle nahestehenden Fotojournalisten ein Bild machen können.

Geben Sie das Kind den Eltern zurück.
Während Sie das Kind zurückgeben, sagen Sie etwas Nettes über das Baby oder stellen Sie den Eltern eine freundliche Frage, damit es so scheint, als hätte das Kind einen tiefen und positiven Eindruck auf Sie gemacht. Beglückwünschen Sie die Eltern zu ihrem wunderbaren Sprössling und gehen Sie weiter.

Arme voll ausgestreckt

15 Zentimeter über dem Kopf

Ellenbogen durch- gestreckt

Nehmen.
Stirn trocken?

Beobachten.

Küssen.

Zurückgeben.

KAPITEL 1: MACHTERGREIFUNG 39

AUFSTIEG DER PORNOKRATIE
MITTELALTERLICHE „HUREN" ÜBERNEHMEN KIRCHE UND STAAT IN ITALIEN

Im 10. Jahrhundert setzten eine Mutter und ihre Tochter ihre Sexualität so geschickt ein, dass sie ihr Land drei Jahrzehnte lang politisch kontrollierten und damit das „Zeitalter der Mätressenherrschaft" einläuteten, das gleichzeitig eines der dunkelsten Kapitel des ohnehin finsteren europäischen Mittelalters ist. 901 riss der Adelige Theophylakt I. de facto die politische Gewalt in Rom an sich und verfügte eine Zeit lang über immense Macht, sowohl was die Geschicke der Stadt als auch die Entscheidungsgewalt zur Ernennung des nächsten römisch-katholischen Papstes betraf. Theophylakts Frau Theodora, eine ehemalige Prostituierte, überredete ihn dazu, im Jahr 904 ihren Geliebten als Papst Sergius III. zu küren. Anschließend fing Sergius eine Affäre mit Theodoras Tochter Marozia an, die damals noch ein Teenager war. 910 nutzte Marozia ihren Einfluss und die Lektionen, die sie von ihrer Mutter gelernt hatte, um ihren Mann Alberich zum neuen politischen Führer Roms zu machen. Alberichs Herrschaft war derartig korrupt und brutal, dass der Pöbel ihn buchstäblich aus der Stadt jagte. Unbeeindruckt davon begann Marozia eine Affäre mit dem Erzbischof von Ravenna und verhalf ihm dazu, 914 als Johannes X. Papst zu werden. Doch als Papst schloss er ein Bündnis mit dem König von Italien, wodurch sie ihre Macht bedroht sah und damit konterte, dass sie 924 den Erzrivalen des Königs, seinen Halbbruder Guido von Tuszien heiratete. Marozia überredete Guido zu einem erfolgreichen Angriff auf Rom, wo er die Macht an sich riss, Papst Johannes X. ermordete und durch Leo VI. ersetzte. Ihm folgte ein weiterer von Marozias Günstlingen, Stephan VII., und diesem wiederum Papst Johannes XI., Marozias illegitimer einundzwanzigjähriger Sohn, den sie mit Papst Sergius III. gezeugt hatte. Als ihr Mann Guido 929 schließlich starb, nahm Marozia den König von Italien, den Halbbruder und Erzfeind ihres verstorbenen Gatten, zum Mann. Dieser letzte Versuch war jedoch nur von kurzer Dauer, da der König beim Hochzeitsempfang des Paares durch Alberich II., Marozias Sohn aus erster Ehe, gestürzt wurde. Alberich II. setzte Marozia bis zu ihrem Tod 937 gefangen und beendete so ihre verführerisch erfolgreiche politische Karriere.

Politische Lehre: Politik schafft seltsame Bettgenossen.

WIE MAN INTERESSE VORTÄUSCHT
TUN SIE SO, ALS WÜRDEN SIE ZUHÖREN

Neigen Sie sich dem Sprecher zu.
Beugen Sie sich zum Wähler, wenn er mit Ihnen spricht, als wollten Sie sich kein Wort von dem entgehen lassen, was er zu sagen hat. Wenn es angemessen scheint, unterstreichen Sie Ihr ungeteiltes Interesse durch Körperkontakt, indem Sie Arm oder Schulter des Wählers berühren.

Imitieren Sie die Körpersprache des Wählers.
Wenn Sie dem Wähler von Angesicht zu Angesicht gegenüberstehen, seien Sie ein Spiegelbild seiner Körpersprache. Diese gängige Verkaufstaktik täuscht den Eindruck vor, als würden Sie aufmerksam zuhören.

Machen Sie eine Pause, bevor Sie antworten.
Wenn der Wähler ausgeredet hat, tun Sie so, als müssten Sie erst über das Gesagte nachdenken, selbst wenn Sie schon genau wissen, was Sie erwidern werden.

Reden Sie den Sprecher mit Namen an.
Stellen Sie eine freundschaftliche Bindung her, indem Sie den Vornamen benutzen. Fragen Sie nach, ob Sie ihn richtig verstanden haben. Sollte der Wähler ein Amt bekleiden oder einen Ehrentitel tragen, dann verwenden Sie diesen. Ist er älter als Sie, verhalten Sie sich respektvoll.

Imitieren Sie die Gefühle des Wählers.
Wenn es so scheint, als ob Sie die Gefühle des Wählers teilten, wird er eher glauben, dass Sie jedes Wort zu schätzen wissen, das er zu Ihnen gesagt hat. Außerdem wird er dann eher glauben, was Sie zu ihm sagen.

Spiegeln Sie Haltung und Körpersprache des Wählers wieder.

Bauen Sie die Worte des Wählers in Ihre Antwort ein.
Dann hört er vertraute Ausdrücke und weiß, dass Sie mitdenken und auf seiner Seite stehen.

Stellen Sie Fragen.
Greifen Sie einen Schlüsselsatz des Sprechers auf und formulieren Sie ihn als Frage, damit Ihr Interesse noch deutlicher wird. Wenn der Wähler beispielsweise sagt „Die Steuern sind zu hoch", dann fragen Sie zurück: „Sind die Steuern für Sie zu einer zu großen Belastung geworden?"

Nicht gähnen, stöhnen oder die Augen verdrehen!

SIGNALISIEREN SIE ZUSTIMMUNG
Nicken Sie.
Wenn ein Wähler eine Meinung äußert oder Ihnen etwas Positives sagt, nicken Sie dazu. Wechseln Sie zwischen Nicken und einem Zusammenpressen der Lippen, damit es nicht so aussieht, als wären Sie ein Nickautomat.

Betonen Sie das Positive.
Sollte ein Wähler eine Meinung äußern, der Sie nur teilweise zustimmen, konzentrieren Sie sich auf den Teil, den Sie befürworten. Werden Sie nicht müde, Ihre Zustimmung zu wiederholen, ohne auf andere Einlassungen des Wählers zu achten.

Weichen Sie Konfrontationen aus.
Vertritt ein Wähler eine Ansicht, der Sie überhaupt nicht zustimmen können, antworten Sie mit einem nichtssagenden Kommentar wie „Ich höre" oder „Sehr interessant. Ich bin froh, dass Sie das Thema angeschnitten haben". Geben Sie dem Wähler einen Klaps auf die Schulter und gehen Sie weiter.

Wenn der Wähler es auf eine Diskussion anlegt, bringen Sie gemeinsame Werte und Glaubensgrundsätze ins Spiel, die unbestritten sind.
Beziehen Sie sich auf den politischen Prozess oder auf Patriotismus, beispielsweise: „Wir sind doch beide Patrioten, die das Beste für unser Land wollen. Daher müssen wir Meinungen austauschen und gegensätzliche Anschauungen respektieren, um gemeinsam an einer Lösung des Problems zu arbeiten."

Niemals die Stirn runzeln, das Gesicht verziehen oder fluchen.

POLITIK KURZ UND BÜNDIG
Bei der Vereidigung zum Vizepräsidenten der Vereinigten Staaten 1865 war Andrew Johnson so betrunken, dass der scheidende Vizepräsident Hannibal Hamlin ihn während seiner Ansprache mehrmals anstupsen musste, damit er den Faden nicht verlor, und schließlich vom Rednerpult zu seinem Sitz zurückführte.

DOLCHSTOSS AUS DEM HINTERHALT
PATE DER MODERNEN DEMOKRATIE WIRD ZUM OPFER SEINER EIGENEN IDEALE

Simon de Montfort, Held der englischen Aristokratie in ihrem triumphalen Machtkampf gegen König Heinrich III., bestand darauf, die Macht auch auf die niedrigeren Schichten zu verteilen. Dadurch wurde er eine zentrale Figur in der Entwicklung der Demokratie – und besiegelte gleichzeitig seinen Untergang. Als sein Schwager, König Heinrich III., es ablehnte, die Übereinkunft zur Mächteteilung zu akzeptieren, die er mit der Aristokratie des Landes ausgehandelt hatte, organisierte Simon de Montfort eine Armee der unzufriedenen Barone. 1264 griff er Heinrichs Streitkräfte bei Lewes an und errang einen schnellen Sieg, wobei er den König und seinen Sohn Prinz Edward gefangennahm. Aber statt selbst nach dem Thron zu greifen, verteilte Monfort die Macht unter seinen Mitbaronen mit der Maßgabe, dass sie selbst einen Teil ihrer neu errungenen Macht an die arbeitenden Klassen weitergeben. Unter der neuen Regierungsform wählte jeder Verwaltungsbezirk zwei Repräsentanten, die an der Gesetzgebung des Landes teilnahmen, wodurch im Grunde Europas erstes gewähltes Parlament entstand. Aber Montforts Mitaristokraten lehnten es ab, die Macht mit dem gemeinen Volk zu teilen, genauso sehr, wie sie es ablehnten, dass König Heinrich seine Macht nicht mit ihnen teilte – das vielleicht sogar noch mehr. Die Mehrheit tat sich wieder mit Heinrich zusammen und verhalf seinem Sohn Prinz Eduard zur Flucht aus dem Gefängnis. Der versammelte eine gewaltige Streitmacht um sich und lockte Montfort bei Evesham in einen Hinterhalt, indem er seine Leute sich so verkleiden ließ, als wären sie Soldaten der Armee von Montforts Sohn. Überrumpelt und hoffnungslos in der Unterzahl stellten sich Montfort und seine wenigen loyalen Barone dem ungleichen Kampf und wurden abgeschlachtet. Montfort starb an einer Stichwunde in den Rücken.

Politische Lehre: Bleiben Sie bei Ihrer Kernwählerschaft.

UNPOPULÄRE VOLKSAUFSTÄNDE

Aufstand	Wo und wann	Rebellen
Der Staatsstreich von Fidschi	Suva, Fidschi; 19. Mai-13. Juli 2000	Nationalisten unter der Führung des bankrotten Geschäftsmanns George Speight
Die Satsuma-Rebellion	Japan; Februar-September 1877	Samuraikrieger, erzürnt über den Verlust an Macht, Privilegien und Status, den die Bemühungen der Regierung um die Modernisierung Japans zur Folge hatte
Die Napper-Tandy-Rebellion	Donegal County, Irland; September 1798	Eine kleine Gruppe von Exil-Iren und französischen Sympathisanten unter Führung von James Napper Tandy
Der Spartakusaufstand	Berlin, Deutschland; 5.-12. Januar 1919	Ein paar Hundert Anarchisten und Kommunisten, angeführt von Rosa Luxemburg und Karl Liebknecht
Die Revolte der Partei der parlamentarischen Demokratie	Burma; 1970er Jahre	Ein paar Hundert bewaffnete Rebellen unter Führung des ehemaligen Premierministers U Nu, der immer noch behauptete, der wahre burmesische Führer zu sein, nachdem er 1962 gestürzt worden war

Revolte	Ergebnis
Die Rebellen besetzten das Parlament und behielten es zwei Monate lang mit drei Dutzend Geiseln, einschließlich des Premierministers Mahendra Chaudhry, in ihrer Gewalt	Als die Rebellion sich nicht ausbreitete, schlich sich Speight heimlich aus dem Parlament, wurde zwei Wochen später gefasst und wegen Hochverrats zu lebenslanger Haft verurteilt
Zehntausende Samurais griffen eine Regierungsfestung an, wurden aber von Hunderttausenden von Soldaten schon erwartet, die sie mittels moderner Waffentechnik und Militärtaktik auslöschten	Obwohl in vielen Filmen glorifiziert, lehnten die meisten Japaner diese Revolte ab, denn sie hatten jahrhundertelang unter der Unterdrückung durch die Samurais gelitten und waren froh über deren Niedergang
Nach der Landung besetzten die Rebellen ein kleines Dorf, wo Tandy einen Aufruf an alle Iren ergehen ließ, sich seiner Revolte gegen die englische Herrschaft anzuschließen	Tandy verfasste seine Proklamation auf Englisch, das leider keiner der gälischsprachigen irischen Dörfler verstand. Als sich niemand seiner Revolte anschloss, ging Tandy ins Pub, betrank sich und segelte mit seinen Männern wieder davon
Die Rebellen sperrten mehrere Blocks in Berlin ab und riefen die Arbeiter dazu auf, sich einem Generalstreik und der Revolution gegen die deutsche Regierung anzuschließen	Die Revolte kam zum Stillstand, als sich die Anführer über die nächsten Schritte nicht einig werden konnten. Dann griffen Regierungsstreitkräfte an und töteten die meisten der Revolutionäre und ihrer Führer
U Nu und seine Rebellen bemühten sich, über Militärübungen von Thailand aus eine breitere Basis für ihre Revolte zu finden, aber nur wenige Burmesen schlossen sich ihnen an	U Nu nahm ein Friedensangebot der burmesischen Regierung an und ging ins Exil

ERSTAUNLICH
CHINESISCHER AUFSTAND ERSETZT KORRUPTEN KAISER DURCH EBENSO KORRUPTEN

Aufgebracht über Korruption, Gier und Unfähigkeit der Regierung im 1. Jahrhundert in China, erhoben sich die Bauern und übernahmen die Macht. Aber nach ein paar Jahren wurden sie durch einen weiteren Volksaufstand wieder abgesetzt, weil sich herausstellte, dass sie noch korrupter, gieriger und unfähiger waren als das Regime davor. Die Bauern im Norden litten im Jahr 17 n. Chr. unter bitterer Armut und waren durch die Politik des Kaisers Wang nahe am Verhungern. Als der auch noch die Steuern erhöhte, griffen die Bauern Regierungsämter und Forts an, woraufhin der Kaiser seine Armee schickte. Da die Rebellen keine Uniformen besaßen, färbten sie sich die Augenbrauen rot, um sich von den Regierungssoldaten im Kampf zu unterscheiden. Die Armee hatte Mühe, den Aufstand niederzuschlagen, so dass sie, um sich über Wasser zu halten, zu brandschatzen und zu plündern begann, was natürlich noch mehr Menschen in die Arme der Rebellen trieb. Die immer größer werdenden Streitkräfte der Roten Augenbrauen schlugen die kaiserliche Armee und marschierten dann auf die Hauptstadt Chang'an, wo sie die Regierung übernahmen. Da ihnen jegliche Erfahrung in Regierungsgeschäften oder der Führung eines Staatshaushalts fehlte, beschlossen sie, Geld auf dieselbe Weise aufzutreiben wie Kaiser Wangs Armee zuvor – durch Rauben und Plündern. Bald litt das Land wieder unter Hunger und Not. Eine neue Rebellion formierte sich gegen die Roten Augenbrauen. Diese Rebellen unter ihrem Führer Feng Yi färbten sich ebenfalls die Augenbrauen rot und besiegten die verwirrten ursprünglichen Roten Augenbrauen im Jahr 27 auf dem Schlachtfeld. Die Gewinner setzten ihren eigenen Kaiser ein, und die meisten Roten Augenbrauen kehrten auf ihre Bauernhöfe zurück. Als ein paar Jahre später einige ihrer ehemaligen Führer einen neuen Aufstand planten, informierten die Nachbarn die Regierung und sie wurden hingerichtet.

Politische Lehre: Werden Sie nicht zu Ihrem eigenen schlimmsten Albtraum.

DIE FENSTERSTÜRZE VON PRAG
WIE DIE POLITISCHE WÜRDE DER STADT UND EINIGE IHRER POLITIKER BEI DREI GELEGENHEITEN ZUM FENSTERHINAUSFLOGEN

Datum	30. Juli 1419	23. Mai 1618	10. März 1948
Ort	Neustädter Rathaus am Karlsplatz in Prag	Der Hradschin, die Prager Burg	Der Hradschin, die Prager Burg
Wer	Der Bürgermeister und sechs Mitglieder des Stadtrats gegen eine Meute von Hussiten – politisch-religiöse Reformer, die hauptsächlich den unteren Schichten entstammten	Mitglieder der neuen protestantischen Aristokratie vs. neu ernannte Regionalgouverneure, die katholische Hardliner waren	Der nichtkommunistische tschechoslowakische Außenminister Jan Masaryk vs. kommunistische Geheimpolizei
Unmittelbarer Anlass	Nachdem die Stadtverwaltung ihre Forderung ignorierte, einige gefangene Hussiten freizulassen, die wegen Hochverrats vor Gericht standen, stürmte der Mob das Rathaus, um sie mit Gewalt zu befreien	Ernennung des Katholiken Ferdinand II. zum Führer des Heiligen Römischen Reichs, das Prag mit einschloss, anstelle von Kaiser Matthias, der eine Politik der religiösen Freizügigkeit vertreten hatte	Zwei Wochen nach dem Putsch des Kommunistenführers Klement Gottwald
Fenstersturz	Der hussitische Mob packte den Bürgermeister und einige Stadträte und warf sie zum Fenster hinaus in die aufgestellten Speere draußen wartender Spießgesellen	Die Protestanten beschuldigten die beiden neuen Gouverneure der Verletzung der Dekrete zur religiösen Freiheit und warfen sie dann aus dem Fenster in einen großen Haufen Pferdemist	Masaryk stürzte im Schlafanzug aus dem Fenster seines Büros im heutigen Außenministerium und starb. Die genauen Umstände seines Todes sind bis heute ungeklärt.

KAPITEL 1: MACHTERGREIFUNG 49

WIE MAN EINE BANKROTTE WAHLKAMPAGNE WEITERFÜHRT
MEHR GELD AUS DEN SPENDERN HERAUSLEIERN

Schmeicheln Sie.
Erfinden Sie Ehrentitel und -kategorien („Helden", „Engel", „Meine speziellen Freunde") für besonders großzügige Spender. Ermuntern Sie den Wettbewerb unter den Spendern, um zu sehen, wer den Kampf um die höchste Spende „gewinnt".

Machen Sie in Familie.
Nehmen Sie Ehefrau und/oder Kinder mit, wenn Sie sich mit Spendern treffen. Betonen Sie, dass Ihr Lebenstraum und das Schicksal Ihrer Familie auf dem Spiel stehen.

Flößen Sie Furcht ein.
Erinnern Sie den Spender an all die furchtbaren Dinge, die Ihr Gegner anstellen wird, wenn er gewinnt. Betonen Sie die schlimmen Folgen für das Eigeninteresse Ihres Spenders und seine Ideale.

VERSCHAFFEN SIE SICH KOSTENLOSE SENDEZEIT
Tun Sie etwas Fotogenes.
Halten Sie Ihre Reden an unverwechselbaren, malerischen oder militärisch/historisch bedeutsamen Stätten, die der Wähler mit den Grundwerten der Nation in Verbindung bringt, mit den Erfolgen früherer Politiker oder heroischen Akten des Patriotismus. Häufig ist die Nutzung dieser Örtlichkeiten kostenlos.

Tun Sie etwas Kontroverses.
Bezichtigen Sie Ihren Gegner eines Verbrechens oder der gefährlichen Inkompetenz. Die Medien lieben Konfrontationen und Konflikte, egal ob begründet oder erfunden. Sorgen Sie dafür, dass Ihre Vorwürfe zumindest eine gewisse reale Basis haben.

Tun Sie das „Unerwartete".

Tauchen Sie bei einer Veranstaltung Ihres Gegners auf. Verbringen Sie eine Nacht in einem Obdachlosenasyl. Helfen Sie einem Farmer bei der Aussaat oder Ernte. Landen Sie per Fallschirm bei einem Wahlauftritt. Lenken Sie das Augenmerk durch eine aufsehenerregende Tat auf ein zentrales Thema Ihres Wahlkampfs. Sorgen Sie dafür, dass die Presse rechtzeitig von den spontanen und überraschenden Ereignissen unterrichtet ist.

RASPELN SIE SÜSSHOLZ, DAMIT IHR TEAM KOSTENLOS FÜR SIE ARBEITET

Schmeicheln Sie.

Verleihen Sie den verbliebenen Stabsangehörigen neue und imposant klingende Titel wie „Direktor" oder „Manager". Möglicherweise sind sie so scharf darauf, ihren Lebenslauf auf diese Weise aufzupolieren, dass sie sogar den leeren Gehaltszettel übersehen.

Machen Sie in Familie.

Lassen Sie sich von Ihrer Ehefrau und / oder Kindern zu Stabsbesprechungen begleiten. Betonen Sie, dass Ihr Lebenstraum und das Schicksal Ihrer Familie auf dem Spiel stehen. Heuern Sie Verwandte an, die umsonst in verschiedenen Bereichen der Kampagne mitarbeiten und nähren Sie ganz allgemein das Gefühl, eine „große Familie" zu sein.

Schweben Sie per Fallschirm zu Ihrer nächsten Rede ein.

Flößen Sie Furcht ein.
Erinnern Sie Ihren Stab an die furchtbaren Dinge, die Ihr Gegner im Fall seines Sieges anstellen wird. Betonen sie die schlimmen Folgen für Eigeninteresse und Ideale Ihres Stabs. Zitieren Sie das Axiom, dass in der Politik Loyalität belohnt und Illoyalität nicht vergessen wird.

SCHLACHTEN SIE IHRE FINANZPROBLEME ALS WAHLKAMPFTHEMA AUS

Prangern Sie den Einfluss des Geldes auf die Politik an.
Kritisieren Sie in Ihren Wahlreden, dass die Politik von Wirtschaftsinteressen gekauft und ausverkauft worden ist. Fordern Sie ein neues Wahlkampfsystem, das den Einfluss des Geldes eliminiert. Sagen Sie, dass es an der Zeit sei, dass alle Gewalt wieder vom Volk ausgeht.

Prüfen Sie die Bücher Ihres Gegners.
Durchleuchten Sie alle Individuen, Firmen und Organisationen, die für die Wahlkampagne Ihres Gegners gespendet haben. Zeigen Sie die Möglichkeit auf, dass Ihr Gegner sich von gewissen Mächten hat kaufen lassen – Hauptsache, diese Gruppen oder Individuen tragen nichts zu Ihrer eigenen Kampagne bei. Ein Lagerwahlkampf, in dem es „wir gegen die" heißt (wobei mit „die" jene gemeint sind, die wohl eher nichts zu Ihrer Kampagne beitragen werden) wird Ihnen „Wir"-Spender in größerer Anzahl und mit höheren Beträgen in die Arme treiben.

WIE MAN DAMIT UMGEHT, EINE SAHNETORTE INS GESICHT ZU BEKOMMEN

Augen zu.

Mund zu.

Stellung halten.
Weglaufen sieht dumm aus.

Einen Witz machen.
Der Tortenwerfer will Sie ärgern und irritieren. Machen Sie diesen Versuch zunichte, zeigen Sie Humor und reißen einen Witz wie: „Aber ich hatte Nusstorte bestellt – und nur eine Schnitte."

Kostprobe.
Wischen Sie sich die Torte aus den Augen und probieren Sie sie. Dann machen sie noch einen Scherz, etwa: „Zu wenig Sahne."

Säubern.
Putzen Sie sich das Gesicht mit einem angefeuchteten Handtuch. Klauben Sie sich die Tortenstücke aus den Haaren. Gehen Sie nicht weg, um sich zu waschen.

Präsentieren Sie sich den Kameralinsen und demonstrieren Sie souveräne Überlegenheit.

Seien Sie geistig darauf vorbereitet, jederzeit eine Torte ins Gesicht zu kriegen.

Legen Sie ab.
Legen Sie das sahnebekleckerte Jackett, die Krawatte oder den Schal ab. Ziehen Sie nie Hemd, Hose oder Rock in der Öffentlichkeit aus.

Weitermachen.
Knüpfen Sie möglichst schnell da wieder an, wo Sie aufgehört hatten, als die Torte einschlug. So erkennen die Wähler, dass der Angriff Sie nicht aus der Ruhe gebracht hat.

POLITIK KURZ UND BÜNDIG

Bei einer Stadtratssitzung im taiwanesischen Tainan im Mai 2007 erhob sich Stadtrat Liu Yin-chang und schleuderte eine Tasse voll Fäkalien auf seinen Kollegen Hsieh Lung-chieh. Liu, Mitglied der regierenden Demokratischen Fortschrittspartei, reagierte damit auf die vorausgegangene Anschuldigung Hsiehs von der Kuomintang-Partei, er betreibe eine schmutzige Politik. Huang Yu-wen, der Sprecher des Stadtrats, befahl Liu, den Saal zu verlassen und unterbrach die Sitzung. Die Stadträte der Kuomintang verließen unter Protest das Gebäude und erstatteten Anzeige gegen Liu, der für den Rest der Amtsperiode aus seiner Partei und dem Stadtrat von Tainan ausgeschlossen wurde.

POLITISCHER VÖLKERBALL
POLITIKER UND DIE DINGE, DIE NACH IHNEN GEWORFEN WURDEN

Wer	Wurfgeschoss	Werfer	Warum
Tony Blair Englischer Premierminister (1997-2007)	Eier	Zwei Väter	Aus Protest gegen neue Sorgerechtsbestimmungen
Eva Peron First Lady von Argentinien (1946-52)	Tomaten	Schweizer	Aus Protest gegen ihren Besuch in der Schweiz
Dan Glickman US-Landwirtschaftsminister (1995-2001)	Bisoneingeweide	Indianischer Umweltaktivist	Aus Protest gegen die Bisonpolitik der Regierung
Bettino Craxi Italienischer Premierminister (1983-87)	Münzen	Studenten, die skandierten: „Bettino, willst du die auch noch?"	Aus Protest gegen einen millionenschweren Korruptionsskandal Craxis

WHO'S WHO DER ALLERSCHLIMMSTEN

BORIS NIKOLAJEWITSCH JELZIN
RUSSISCHER PRÄSIDENT, WELTBEKANNTER TRINKER

Missetaten: Eine lange Reihe peinlicher Zwischenfälle aufgrund exzessiven Trinkens und sonstigen Unfugs ★ Griff bei einem Gruppenfoto im Kreml einer Sekretärin zwischen die Beine ★ Warf bei einem offiziellen Fototermin eine Frau vom Dock ins Rote Meer ★ Saß während eines diplomatischen Besuchs in den Vereinigten Staaten 1993 betrunken am Steuer und ging mitten in der Nacht im eiskalten Potomac baden ★ Forderte eine Gruppe Journalisten, die ihn auf seine nachlassende Gesundheit ansprachen, zum Wettkampf im Schwimmen, Tennis und Leichtathletik heraus ★ Befahl dem müden Papst Johannes Paul II. „sich wieder hinzusetzen", als dieser sich von einer Veranstaltung mit Jelzin im Vatikan zurückziehen wollte, und verlieh später in seiner Tischrede der „grenzenlosen Liebe zu den italienischen Frauen" Ausdruck

Geboren: 1. Februar 1931 im Dorf Butka in der russischen Provinz Swerdlowsk, wo ihn ein betrunkener Priester beinahe im Taufbecken ertränkt hätte
Gestorben: 23. April 2007 in Moskau
Spitzname: Ole Lukoye (nach einem bösartigen, wahnsinnigen Zwerg)
Zitat: „Ich sage Ihnen ganz ehrlich, ich habe nur verschlafen. Der Sicherheitsdienst hat die Leute nicht hereingelassen, die mich wecken sollten. Natürlich werde ich sie bestrafen und dafür sorgen, dass so etwas nicht wieder vorkommt." – Jelzin, nachdem er sich 1994 bei einem Flug von den USA nach Irland so sinnlos betrunken hatte, dass er die angesetzte Unterredung mit dem irischen Premier Albert Reynolds verschlief.

AUF DEM POLITISCHEN
SCHLACHTFELD VERSCHOLLEN

Politiker	Angeblich in	Tatsächlich in	Fehlzeit
Richard William Butler Gouverneur von Tasmanien (2003-04)	Tasmanien	Verschiedene Ferienorte rund um Südostasien	3 Wochen
Ibrahim Rugova Präsident des Kosovo (2002-2006)	Kosovo	Italien	3 Monate
Heinrich VI. König von England (1422-61, 1470-72)	Irrenanstalt, Schottland	London, England	Erste Abwesenheit 14 Monate; die zweite dauerte neun Jahre
Richard I. König von England (1189-99)	England	Mittlerer Osten und Frankreich	9,5 Jahre (seiner 10jährigen Herrschaft)
Demetrius II. König von Syrien (147-125 v. Chr.)	Syrien	Iran	10 Jahre
Alexander III. (der Große) König von Makedonien (336-323 v. Chr.)	Pella, Makedonien	Ägypten, Indien, Afghanistan, Iran etc.	11 Jahre

WIE MAN NÜCHTERNHEIT VORTÄUSCHT

Folgen Sie verschlungenen Pfaden.
Versuchen Sie gar nicht erst, in gerader Linie zu gehen. Kreiseln Sie, laufen Sie los und bleiben wieder stehen, biegen Sie ab, aber erscheinen Sie immer zielbewusst.

Beschränken Sie Interaktionen.
Vermeiden Sie lange oder komplizierte Erklärungen. Beantworten Sie Fragen knapp und halten Sie Gespräche kurz. Lassen Sie einen Mitarbeiter dafür sorgen, dass Sie in Bewegung bleiben, und entschuldigen Sie die Eile mit Ihrem vollen Terminkalender.

Tun Sie etwas mit den Augen.
Benutzen Sie Augentropfen, die die Pupillen verengen, denn diese sind in alkoholisiertem Zustand geweitet. Aber wenden Sie sie heimlich an.

Keine Leidenschaft!
Drogen wirken enthemmend. Halten Sie sich fern von Leuten, die Sie nicht ausstehen können oder die Sie sexuell attraktiv finden.

AUFGEPASST
Klarer Alkohol wie Wodka oder Gin ist im Atem nicht so leicht zu riechen wie dunkler, beispielsweise Bier oder Whisky. Halten Sie Minzpastillen oder ein Fläschchen Mundspülung bereit, um jeglichen Geruch zu übertönen.

Versuchen Sie nicht, in gerader Linie zu gehen.

KAPITEL 1: MACHTERGREIFUNG 61

KAPITEL 2

ICH HABE EINE LISTE
Freund und Feind

WIE MAN EINEN SCHMUTZIGEN WAHLSPOT KONTERT

FALLS DER VORWURF STIMMT ODER SCHWER ZU WIDERLEGEN WÄRE

Bezichtigen Sie Ihren Gegner, eine Schmuddelkampagne zu führen.

Erinnern Sie die Wähler daran, worum es eigentlich geht.

Betonen Sie, dass der Wähler Besseres verdient hat.
Erklären Sie den Wählern, dass sie Kandidaten und Führer verdient haben, die für Zukunftsperspektiven und Problemlösungen stehen, nicht für Pessimismus und Parteipolitik.

Versichern Sie, dass Sie in Zukunft auf dem Pfad der Tugend bleiben werden, und fordern Sie Ihre Wähler ebenfalls dazu auf.

Ermuntern Sie Ihre Anhänger dazu, einen Spot zu produzieren, der Ihren Gegner bei einem viel schlimmeren Delikt zeigt.

FALLS DER ANGRIFF NUR TEILWEISE BERECHTIGT IST

Lenken Sie ab.
Konzentrieren Sie sich auf die Ungenauigkeiten und Übertreibungen des Angriffs.

Weisen Sie darauf hin, dass Ihr Kontrahent die Wahrheit verdreht.
Machen Sie die Glaubwürdigkeit Ihres Gegners zum Thema.

Produzieren Sie einen Spot, der zeigt, dass Ihr Gegner
viel ernsterer Vergehen schuldig ist.

Erklären Sie, dass der Spot Ihre Worte aus dem Zusammenhang gerissen hat.

Fordern Sie Ihren Gegner auf, sich zu entschuldigen und den Spot zurückzuziehen.

Weigert er sich, führen Sie das als Beweis dafür an, dass er nicht in der Lage ist, Fehler einzugestehen und zu korrigieren, was ihn zur Führungspersönlichkeit ungeeignet macht.

FALLS DER SPOT ABSOLUT UNWAHR IST UND LEICHT WIDERLEGT WERDEN KANN

Bezeichnen Sie den Spot als frei erfunden.

Sagen Sie, dass er einer Entgegnung unwürdig sei.

Spannen Sie Reporter für Ihre Zwecke ein.

Ermuntern Sie sie dazu, die Angelegenheit zu recherchieren und darüber zu schreiben. Erinnern Sie sie an vergleichbare Rufmordkampagnen skrupelloser Politiker und wie viel Schaden damit angerichtet wurde. Eine objektive Reportage, die den Schmuddelspot als falsch entlarvt, ist viel effektiver als jede Erwiderung aus Ihrem eigenen Wahlkampflager.

Gewinnen Sie die großen alten Männer der Politik dafür, ihren Gegner wegen seiner verleumderischen Attacke zu verurteilen.

Geben Sie den widerlegten Anschuldigungen einen Namen.

Während des restlichen Wahlkampfs berufen Sie sich immer wieder auf „Schmuddel Gate" (oder wie sie den Vorwurf auch nennen wollen) als Beleg für die Unfähigkeit Ihres Gegners und seine mangelnde Eignung für ein Staatsamt. Warten Sie aber, bis sich das Blatt zu Ihren Gunsten gewendet hat, bevor Sie die Anschuldigungen wieder zur Sprache bringen.

AUFGEPASST

Achten Sie auf den „Schatten", der vermutlich jede Ihrer Bewegungen auf Video aufnimmt. Der Schatten wird Ihren gesamten Wahlkampf begleiten und jeden öffentlichen Auftritt in der Hoffnung filmen, Sie bei Widersprüchen oder peinlichen Fehltritten zu ertappen.

DIE SCHLIMMSTEN POLITISCHEN SPITZNAMEN

Politiker	Position	Spitzname
Lugaid mac Con	König von Irland (195-225)	„Hundesohn"
Ludwig V.	König von Frankreich (979-87)	„Ludwig der Faule", auch „der Feige"
Alfonso IX.	König von Leon (1188-1230)	„Der Geiferer"
Mustafa I.	Sultan des ottomanischen Reichs (1617-18, 1622-23)	„Die Fälschung"
Pierre Elliot Trudeau	Kanadischer Premierminister (1968-79, 1980-84)	„Kleiner Furz"
Margaret Thatcher	Englische Permierministerin (1979-90)	„Die Milchdiebin"
Ramon Revilla jr.	Gouverneur der philippinischen Provinz Cavite (1998-2001)	„Bong"
John Edwards	US-Senator (1998-2004); demokratischer Vizepräsidentschaftskandidat (2004)	„Das Breck-Shampoo-Girl"

WER ZULETZT LACHT...
POLITSTRATEGE ERLANGT WEISHEIT UND ERLÖSUNG, VERLIERT ABER LEBEN UND PUBLIKUM

Der führende amerikanische Wahlkampfstratege seiner Generation, der Republikaner Lee Atwater, brach 1990 während einer Rede bei einem Spendenfrühstück zusammen. Er scherzte gerade über einen provokanten Spot, in dem er den Demokraten Mike Dukakis wie das Flughörnchen „Rocky Squirrel" hatte aussehen lassen, als er in unkontrollierte Zuckungen verfiel. Dann schrie er auf und kippte um. Im Krankenhaus wurde ein inoperabler Hirntumor diagnostiziert. Atwaters aggressiver Wahlkampf und seine Flüsterkampagnen verhalfen George Bush sr. dazu, den großen Vorsprung von Dukakis aufzuholen und 1992 amerikanischer Präsident zu werden. Der „Rocky Squirrel"-Spot war ein Dreißig-Sekunden-Video von Dukakis, das ihn mit schlecht sitzendem Helm und besorgtem Gesichtsausdruck zeigte, wie er bei einem Fotoshooting im Panzer herumkurvte und fehl am Platz wirkte. Die Bildsprache weckte bei den Wählern Zweifel an der Eignung des außen- und innenpolitisch unerfahrenen Dukakis zum obersten Befehlshaber der Streitkräfte. Als Atwater nach seinem Zusammenbruch erfuhr, dass er nur noch wenige Monate zu leben hatte, machte er eine politische und religiöse Kehrtwendung. Er entschuldigte sich bei seinen politischen Opfern, einschließlich Dukakis. Außerdem schrieb er Essays, in denen er genau jenen moralischen Verfall der Gesellschaft beklagte, für den die Art von schmutziger Politik verantwortlich war, die er selbst so erfolgreich praktiziert hatte. Er starb im März 1991. Einer seiner Schüler, Karl Rove, leitete später die Präsidentschaftswahlkämpfe von Bushs Sohn George W. Bush in den Jahren 2000 und 2004. Er perfektionierte dabei Atwaters Wahlkampfstil und ignorierte dessen spätes Plädoyer für eine faire politische Auseinandersetzung.

Politische Lehre: Die Leute halten sich nicht an Ihre Worte, sondern an Ihr Vorbild.

EDELSCHMUTZ
INFAME SCHMUDDELKAMPAGNEN

Kampagne	Ziel	Ansatzpunkt	Attacke
Hollands Kampf um die Unabhängigkeit (1806)	Louis Bonaparte	Gerüchte, dass Napoleon Bonaparte beabsichtigte, seinen Bruder Louis auf den holländischen Thron zu setzen	„Ein Appell an das Volk von Batavia", ein Pamphlet, das davor warnte, dass Louis' Herrschaft zum wirtschaftlichen Ruin und der Versklavung des holländischen Volks führen würde
Rennen um die US-Präsidentschaft (1964)	Barry Goldwater, republikanischer Kandidat	Goldwater befürwortete den Einsatz von Nuklearwaffen im Vietnamkrieg	TV-Spot mit einem kleinen Mädchen beim Pflücken von Gänseblümchen, das Zeugin einer Atombombenexplosion wird
Wahlkampf um den US-Senat (Montana 2000)	Mike Taylor, republikanischer Kandidat	Der Rancher Taylor war in den 1970er Jahren in Colorado Inhaber und Leiter einer Frisörschule gewesen	TV-Spot mit Disco-Soundtrack und Archivaufnahmen von Taylor, damals noch mit üppigem Haarschopf, der Haarpflegemittel in männliche Kopfhaut einmassiert
Kanadische Wahlen (1993)	Jean Chretien, Chef der Liberalen Partei	Chretiens durch die Bell-Lähmung halbseitig gelähmtes Gesicht	TV-Spot mit wenig schmeichelhaften Bildern von Chretiens Entstellung, abwechselnd mit Aufnahmen von Schauspielern, die „normale" Kanadier spielen und erklären, dass sie sich dafür schämen würden, Chretien als Premierminister zu haben
Parlamentswahlen in Neuseeland (2005)	Helen Clark, Chefin der Labour-Partei	Gerüchte um Clarks sexuelle Orientierung	Eine Karikatur auf der Website der National Party, auf der Clark als Darth Vader zu Luke Skywalker sagt: „Luke, ich bin dein lesbischer Vater."

DER NOCH TRICKREICHERE DICK
WITZBOLD ZEIGT (TRICKY DICK) NIXON, WO'S LANG GEHT

Der demokratische Spaßvogel Dick Tuck nahm Richard M. Nixon bereits 1950 aufs Korn, als er sich als Maulwurf in dessen erfolgreiches kalifornisches Wahlkampfteam für den US-Senat einschlich. Zehn Jahre später heuerte John F. Kennedy Tuck dafür an, Nixon, seinem (erfolglosen) Konkurrenten um die Präsidentschaft, bei dessen Wahlkampf alle möglichen Streiche zu spielen. Am Tag nach der ersten Fernsehdebatte – von der viele meinten, Nixon hätte sie gewonnen – drehte Tuck das Ergebnis um, indem er eine alte Frau mit Nixon-Wahlplakette dazu anstiftete, diesem im Beisein von Reportern um den Hals zu fallen und für seine Niederlage zu trösten. Zwei Jahre später, als Nixon für das Amt des Gouverneurs von Kalifornien kandidierte, ließ ihn Tuck im Chinatown von Los Angeles von Kindern mit einem Schild empfangen, auf dem „Willkommen Nixon" stand und darunter in chinesischen Schriftzeichen „Was ist mit dem Hughes-Kredit?" – eine Anspielung auf einen umstrittenen Kredit von Nixons Bruder. Nixon, der natürlich kein Chinesisch konnte, ließ sich lächelnd neben dem Schild ablichten und zerfetzte es dann vor den Augen der Reporter, als Tuck ihm die Übersetzung nannte. Etwas später während des selben Wahlkampfs – Nixon war gerade mit dem Zug auf Tour – verkleidete sich Tuck als Schaffner und ließ Nixons Privatzug aus dem Bahnhof rollen, als der gerade mit seiner Rede begann. Während Nixons Präsidentschaftskandidatur 1968 warb Tuck schwangere Frauen an, die bei seinen Veranstaltungen in T-Shirts mit der Aufschrift „Nixon ist der Mann" auftraten. Nixon, selbst kein Waisenknabe in der Kunst der schmutzigen Tricks, konnte Tuck bei aller Abneigung einen gewissen widerwilligen Respekt nicht versagen. Während des Wahlkampfs zur Wiederwahl 1972 befahl er seinen Helfern, „Dick Tucksche Fähigkeiten" zu entwickeln. Daraufhin ließ sich Nixons Stab eine Reihe schmutziger Undercover-Tricks einfallen, die im Einbruch ins demokratische Hauptquartier im Watergate-Gebäude gipfelten. Die Einbrecher wurden erwischt, und der Watergate-Skandal zwang den in Ungnade gefallenen Nixon zwei Jahre später zum Rücktritt.

Politische Lehre: Seien Sie vorsichtig, wen Sie imitieren.

WIE MAN EINEN MAULWURF ENTDECKT UND VORTEILHAFT BENUTZT

Behalten Sie den Verdacht für sich.
Lassen Sie Ihren Stab nicht wissen, dass Sie jemand aus dem Team der Illoyalität und der Spionage verdächtigen. Eine Atmosphäre des Misstrauens kann dem Wahlkampf mehr schaden als jeder Maulwurf und bringt diesen garantiert dazu, unterzutauchen und seine Spuren zu verwischen.

Suchen Sie nach dem Leck.
Legen Sie zweispaltige Listen an mit den durchgesickerten Informationen auf der einen Seite, und den Leuten, die zu diesen Informationen Zugang hatten, auf der anderen. Die Namen, die wiederholt auftauchen, sind Ihre Hauptverdächtigen.

Folgen Sie den Spuren
Sollte keiner der Verdächtigen mit Zugang zu Geheiminformationen der Maulwurf sein, machen Sie sich eine Liste, wem gegenüber Sie geplaudert haben könnten – Assistenten, Geliebte, Verwandte, Vertraute, Babysitter, jemand, der den Hund Gassi führt, etc. Manchmal entschlüpfen auch loyalen Stabsmitgliedern unabsichtlich Informationen, die dann an Maulwürfe innerhalb des Teams oder an die Außenwelt gelangen. Und Maulwürfe wiederum bedienen sich besonders gerne solcher Infos aus zweiter Hand, weil damit kein direkter Verdacht auf sie fällt.

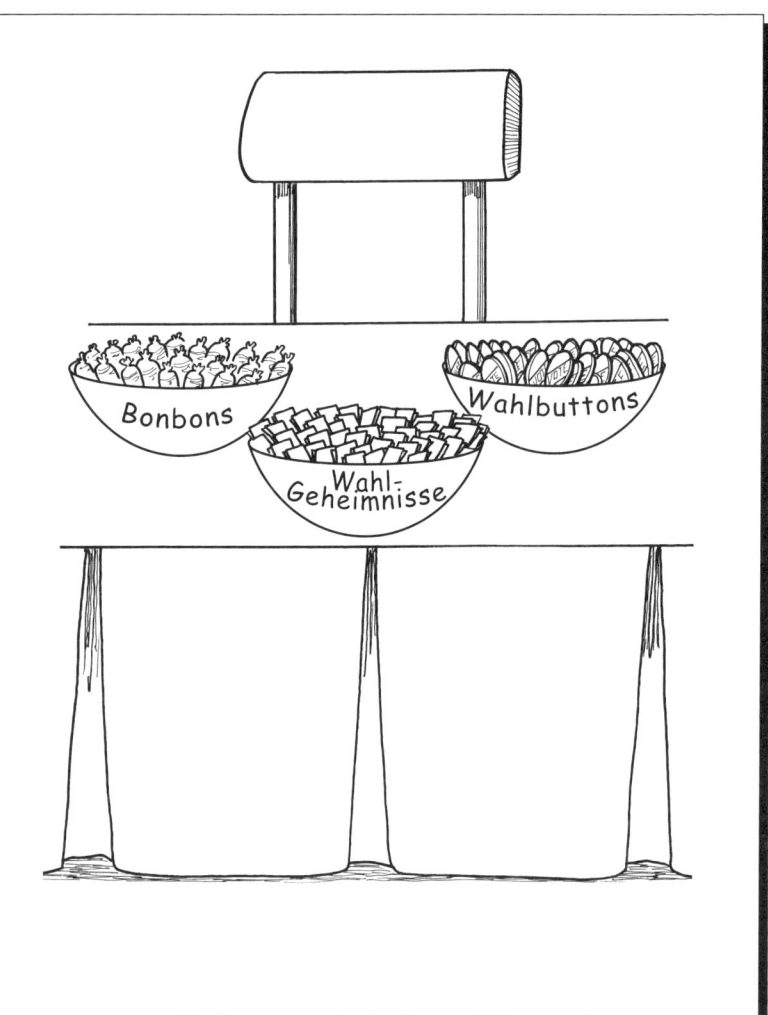

Lassen sie Fehlinformationen durchsickern und folgen Sie ihrer Spur,
um den Maulwurf zu entlarven.

Streuen Sie Falschinformationen aus.

Haben Sie Ihren Hauptverdächtigen, dann lassen Sie ihm eine falsche, aber anscheinend kompromittierende Information über sich selbst auf eine Weise zukommen, dass er glaubt, ohne Ihr Wissen daran gelangt zu sein (lassen Sie ihn beispielsweise ein vorgetäuschtes Telefonat mit anhören). Wenn die Falschinformation in den Medien auftaucht oder vom politischen Gegner gegen Sie verwendet wird, dann haben Sie Gewissheit. Gibt es mehrere Maulwurfverdächtige, dann streuen Sie leicht unterschiedliche Desinformationen für jeden einzelnen aus.

Entlarven Sie den Maulwurf nicht.

Widerstehen Sie der Versuchung, die Identität des Maulwurfs gegenüber dem restlichen Stab zu enthüllen. Den Maulwurf auszuräuchern würde Ihren Gegner nur veranlassen, sich einen Ersatz zu suchen, den Sie dann wieder mühsam enttarnen müssten.

Ziehen Sie Vorteile aus dem Maulwurf.

Die Identität des Maulwurfs in Ihrem Stab zu kennen, kann eine wertvolle Hilfe sein. Lassen Sie über ihn absichtlich Fehlinformationen durchsickern, zum Beispiel gefälschte Positionspapiere, Anzeigenkampagnen oder Finanzdetails, auf die Ihre Gegner dann Zeit und Geld verschwenden. Vielleicht greift Ihr Gegner Sie sogar wegen eines erfundenen Positionspapiers an und eröffnet Ihnen so die Möglichkeit, seine Unglaubwürdigkeit und Unzuverlässigkeit zu demonstrieren.

WHO'S WHO DER ALLERSCHLIMMSTEN

ALKIBIADES
ATHENISCHER STAATSMANN UND GENERAL

Missetaten: Löste das Ende des goldenen Zeitalters von Athen aus ★ Überredete Athen, den Krieg gegen Sparta wieder aufzunehmen, und lief dann während des ersten Feldzugs zu den Spartanern über ★ Führte die Spartaner zu einer Reihe von Siegen über seine früheren Athener Landsleute ★ Wurde aus Sparta verbannt, nachdem er die Gattin des spartanischen Königs verführt und geschwängert hatte und auch noch darauf bestand, das Kind nach ihm zu benennen ★ Versicherte sich der Hilfe der Perser bei einer Reihe von Komplotten gegen Sparta ★ Steckte hinter einem Coup zum Sturz der demokratischen Regierung von Athen ★ Konspirierte dann gegen seine Mit-Umstürzler, um sich so einen hohen Posten in Athens Regierung und Militär zu sichern ★ Führte Athen wieder in den Krieg gegen seine früheren Genossen aus Sparta, desertierte jedoch nach ersten Verlusten ★ Errang viele seiner berühmten militärischen Siege mehr durch Tricks als in der Schlacht ★ Schnitt seinem Lieblingshund den Schwanz ab, um sich dann über die Vorhaltungen seiner Nachbarn lustig machen zu können

Geboren: 450 v. Chr. in Athen, Griechenland
Gestorben: 404 v. Chr. von spartanischen Soldaten ermordet, nachdem er versucht hatte, das Volk der Phryger gegen Sparta aufzustacheln
Spitzname: Das Chamäleon
Ausbildung: Studierte eine Weile unter Sokrates, dem es nicht gelang, ihn zu einem tugendhaften Leben zu bewegen
Zitat eines zeitgenössischen Staatsmannes: „Er hatte so abstoßende Gewohnheiten, dass sie ihm alles aus der Hand nahmen, und so war die Stadt binnen kurzem ruiniert." – Thukydides, athenischer Aristokrat und Historiker, über seinen Zeitgenossen Alkibiades

SELTSAME POLITISCHE BERATER

Politiker	Berater	Beratungsmethode
Wu Ding Herrscher der chinesischen Shang-Dynastie (1250-1192 v. Chr.)	Knochenorakel – die Schulterblätter von Ochsen	Die Knochen wurden erhitzt, und aus den entstehenden Rissen las man dann den besten Kurs für die Zukunft heraus
Lykurg Gesetzgeber von Sparta, (7. Jahrhundert v. Chr.)	Pythia, das Orakel von Delphi	Starrte zur Inspiration in stechende Dämpfe, die durch einen Felsspalt heraufquollen
Julius Caesar Herrscher von Rom (49-44 v. Chr.)	Titus Vestricius Spurinna, ein etruskischer Haruspex	Schnitt Tiere auf und „las" aus ihren Eingeweiden
Nikolaus II. Zar von Russland (1894-1917)	Grigori Rasputin	Hatte nach exzessivem Alkoholgenuss und sexuellen Ausschweifungen Visionen
Alfred Deakin Premierminister Australiens (1903-10)	Die Geister früherer Premierminister	Rief die Geister der früheren Bewohner seiner Residenz um politischen Rat an
Bill Clinton US-Präsident (1993-2001)	Tony Robbins, NLP-Trainer	Benutzte die Technik neuro-assoziativer Konditionierung, um das Gehirn seines Klienten so zu „reprogrammieren", dass er seine Ängste überwand und Erfolg hatte
Frank Hsieh Taiwanesischer Premier (2005/06)	Sung Chi-li	Benutzte mit Photoshop bearbeitete Fotos, auf denen sein Kopf von leuchtenden Strahlen umgeben war, um zu beweisen, dass er über übernatürliche Fähigkeiten verfügte und regelmäßig seinen Körper verließ, um in die Zukunft zu blicken

ALLE UMBRINGEN
ÜBERTRIEBENE SICHERHEITSVORKEHRUNGEN FÜHREN ZUM ABLEBEN DES KAISERS VON PERSIEN

Aazar e Narsi war im Jahr 302 nur drei Monate lang Herrscher der Sassaniden-Dynastie im persischen Reich, und dennoch gelang es ihm, das Königreich mit seiner Lasterhaftigkeit und dem Versuch, so gut wie alle Feinde, Freunde, Diener und Familienmitglieder umzubringen, an den Rand des Untergangs zu treiben. Als er schließlich auch noch seine schwangere Schwester ermorden wollte, da sie seinen möglichen Nachfolger im Leib trug, kamen Aazar e Narsis Leibwächter zu dem Schluss, dass es jetzt genug war. Sie nahmen ihm sein Schwert ab, enthaupteten ihn und legten seine Krone auf den angeschwollenen Leib seiner Schwester – die einzig überlieferte pränatale Krönung der Geschichte. Das wenig später geborene Kind wurde König Shapur genannt, nach dem berühmten persischen Herrscher, der die Römer besiegt und das erste goldene Zeitalter der Dynastie eingeläutet hatte. Shapur II. lenkte die Geschicke des Reichs 70 Jahre lang mit fähiger Hand und sorgte so für das zweite goldene Zeitalter der Sassaniden.

Politische Lehre: Man sollte versuchen, wenigstens mit irgend jemandem auszukommen.

POLITIK KURZ UND BÜNDIG

1978 trat der „City Supervisor" von San Francisco, Dan White, von seinem Amt zurück, überlegte es sich aber ein paar Wochen später anders und bat den Bürgermeister George Moscone, ihn wieder einzusetzen. Als Moscone sich weigerte, erschoss ihn White im Rathaus und anschließend auch City Supervisor Harvey Milk. Während des Prozesses behauptete White, gar nicht in der Lage gewesen zu sein, die Tat zu planen, und führte Depressionen und den übermäßigen Konsum von Twinkies und Junk Food als Beleg dafür an. Die Geschworenen folgten seiner Argumentation und verurteilten ihn lediglich wegen Totschlags.

REFERENZEN SOLLTE MAN ÜBERPRÜFEN
VON DEN EIGENEN MITARBEITERN GETÖTET

Anführer	Mörderischer Mitarbeiter	Methode	Grund
Galba Römischer Kaiser (68/69)	Seine Prätorianergarde	Gelyncht	War mit dem Sold im Rückstand
Pertinax Römischer Kaiser (192-93 v. Chr.)	Seine Prätorianergarde	Stich in den Rücken	Zahlte nur den halben Sold aus
Konstans der Bärtige Byzantinischer Kaiser (641-668)	Sein Kammerdiener	Im Bad erstochen	Unzufriedenheit über den Plan, die Hauptstadt zu verlegen
Aga Mohammed Khan Schah von Persien (1758-97)	Drei Hausdiener	Im Schlaf im Bett erstochen	Fürchteten, der Schah würde sie enthaupten lassen, wenn er bemerkte, dass sie ein Stück Melone stibitzt hatten, das er zum Frühstück essen wollte
Park Chung-hee Präsident von Südkorea (1961-79)	Kim Jae-kyu, Direktor des koreanischen Geheimdienstes	Lud den Präsidenten zu einem privaten Abendessen ein und erschoss ihn	Meinte, Park sei zu diktatorisch geworden
Aslan Maschadow Tschetschenischer Präsident (1992-2005)	Leibwächter	Verirrte Kugel	Die Waffe ging beim Laden los, während der Leibwächter Maschadows Bunker gegen den Angriff einer russischen Spezialeinheit verteidigte

ABTEILUNG FÜR UNZUSTELLBARE BRIEFE
VERLORENER BRIEF KOSTET AFRIKANISCHEN HERRSCHER KÖNIGREICH UND LEBEN

Als er die Unabhängigkeit seines Landes in Gefahr sah, erinnerte sich König Tewodros II. von Äthiopien an seine alte Freundin, Queen Victoria von England. Äthiopien war eine alte Hochburg des Christentums und unterhielt freundschaftliche Beziehungen zu England, aber die religiöse Orientierung des Landes war den muslimischen Nachbarn in Ägypten und Nordost-Afrika ein Dorn im Auge. Da eine muslimische Invasion unmittelbar bevorzustehen schien, schickte Tewodros 1862 einen Brief an Queen Victoria mit der Bitte um britische Militärausbilder, die seine Armee in Bau und Bedienung von Feuerwaffen unterweisen sollten. Tewodros vertraute den Brief dem britischen Konsul Charles Duncan Cameron an, doch dessen Vorgesetzte schickten ihn zunächst auf eine Reihe von diplomatischen Missionen (unter anderem nach Ägypten), und darum musste er den Brief weiterleiten, statt ihn persönlich zu überbringen. Als Tewodros Brief London erreichte, verlegte man ihn erst einmal ein Jahr lang und schickte ihn dann weiter an das britischen Foreign Office in Indien, wo er ein weiteres Jahr herumdümpelte. Tewodros fühlte sich von der Königin brüskiert, und als er auch noch hörte, dass Cameron, gleich nachdem er ihm seinen Brief anvertraut hatte, die muslimischen Feinde im Nachbarstaat besucht hatte, witterte er Verrat. In einem letzten, verzweifelten Versuch, das Ohr der Queen zu gewinnen, nahm er Cameron und den Rest der britischen Botschaft als Geiseln. Die Engländer antworteten mit einer Invasion und hatten die äthiopische Armee schnell überwältigt, da sie kaum über Feuerwaffen verfügte. Entschlossen, der Demütigung der Gefangennahme zu entgehen, erschoss sich Tewodros mit einer der wenigen im Land existierenden Pistolen, einem Geschenk, das ihm Jahre zuvor Queen Victoria von England gemacht hatte.

Politische Lehre: Überprüfen Sie Ihre Annahmen, bevor Sie handeln.

WHO'S WHO DER ALLERSCHLIMMSTEN

PAUL KEATING
PREMIERMINISTER VON AUSTRALIEN

Missetaten: Als er beim Besuch von Queen Elizabeth II. 1982 in Australien eine Kontroverse auslöste, weil er sie in unpassender Weise berührt hatte, meinte er nur: „Ich mag die Königin … und ich glaube, sie mochte mich auch." ★ Bezeichnete den Premierminister von Malaysia, Dr. Mahathir bin Mohammed, als „aufsässig", woraufhin dieser verärgert Handelsabkommen in Milliardenumfang zwischen Malaysia und Australien aufkündigte ★ Teilte seiner Frau, mit der er seit 23 Jahren verheiratet war, während der Dinner Party bei einem Freund mit, dass er die Scheidung wolle ★ Bezeichnete Oppositionsparteien in Parlamentsdebatten, Interviews und öffentlichen Veranstaltungen als „Heulsusen", „Clowns", „Drecksäcke", „Schwindler", „Trottel und Schwachköpfe", „Desperados", „intellektuelle Herumtreiber", „irrelevant, unnütz und unmoralisch", „dreckige Maden", „Feiglinge und Hinterwäldler" und „Bande von Nichtsnutzen" ★ In Bezug auf gegnerische Parlamentsmitglieder: „Schwein", „Quadratschädel", „Alter Umfaller", „der hirngeschädigte Oppositionsführer", „dämlicher, unflätiger Schmutzfink", „geistige Rostlaube", „rückgratloser Gauner", „armes, altes Dingelchen", „angemalter, parfümierter Gigolo", „Geschmeiß", „politische Leiche in Frack und Krawatte", „aufgeblasener Obertrottel", „Shrek", „Osterinselstatue mit dem Arsch voller Rasiermesser", „Politschnepfe", „wildgewordene Rechenmaschine" und „Hund, der an seinem eigenen Erbrochenen schnüffelt".

Geboren: 18. Januar 1944
Ausbildung: De la Salle College in Bankstown
Erster Job: Gewerkschaftssekretär
Zitat: „Paul Keating ist eine wildgewordene Lenkwaffe." – Der australische Minister für Beziehungen am Arbeitsplatz, Joe Hockey, nachdem Keating die Politik von Hockeys Kollegen John Howard in die Nähe von Adolf Hitler gerückt hatte.

HAUSTIERE, DIE POLITIK MACHTEN

Haustier	Handlung	Wirkung
Die Hundekönige von Ptremphanae	Regierten das gleichnamige afrikanische Königreich	Lenkten die Regierungspolitik, indem sie entweder zustimmend mit dem Schwanz wedelten, ablehnend knurrten oder die Vorschläge ihrer Minister ignorierten
Aspisviper	Biss und tötete 31 v. Chr. Kleopatra VII., als sie die Schlange in Selbstmordabsicht an ihren Busen drückte	Setzte der langen Reihe ägyptischer Pharaonen und dem römischen Bürgerkrieg zwischen Caesar auf der einen und Kleopatra und Marcus Antonius auf der anderen Seite ein Ende
Dschingis Khans Pferd	Warf den Khan 1227 ab, wodurch sich der Herrscher des riesigen Mongolenreiches tödlich verletzte	Entfesselte einen Kampf um die Nachfolge, der die mongolische Expansionspolitik vorübergehend stoppte
Zahmer Fuchs	Biss seinen Besitzer Charles Lennox, Gouverneur von Oberkanada, und infizierte ihn mit Tollwut	Lennox starb innerhalb weniger Monate und verzögerte damit vermutlich die Vereinigung Kanadas um Jahrzehnte
Ratten im National Hotel, Washington DC	Ertranken in den Trinkwasserfässern des Hotels und verseuchten das Essen, das beim Dinner zu Präsident James Buchanans Amtseinweihung serviert wurde	Dutzende von Gästen starben und Buchanan erkrankte so schwer, dass er die ersten Wochen seiner Amtszeit im Bett verbringen musste
Humphrey, der Kater	Zum offiziellen „Mauser" im Kabinett der britischen Premierministerin Margaret Thatcher ernannt	Ersparte der britischen Regierung jährlich Tausende bei der Ungezieferverteilung. Später in Skandal verwickelt, als man ihm vorwarf, ein Nest voll junger Rotkehlchen geräubert zu haben

EIN KÖNIGREICH FÜR SEIN PFERD
CALIGULA VERWÖHNT SEIN LIEBLINGSPFERD UND WIRD ALS HERRSCHER ABGEWORFEN

Während seiner Regentschaft als Kaiser von Rom (37-41) ernannte Caligula sein Pferd Incitatus zum Mitglied des römischen Senats. Dieser Akt war jedoch nur eine von vielen Ehrungen, die Caligula seinem Lieblingstier zuteil werden ließ. Der weiße spanische Hengst trug ein juwelenbesetztes Halsband und Decken in kaiserlichem Purpur – der Farbe, die den römischen Kaisern vorbehalten war. Incitatus trank aus einem Trog aus Elfenbein und wohnte in einem palastartigen Stall aus Marmor, in dem sich über ein Dutzend Bedienstete um ihn kümmerten. Das Pferd nahm als Ehrengast an vielen Dinnerpartys teil, bei denen sein Futter mit Blattgold angereichert wurde. Caligula liebte großartige Gesten zur Demonstration seiner Macht, und bei einem seiner dramatischsten Auftritte wählte er Incitatus als Begleiter. Thrasyllus, der Astrologe seines Vorgängers Tiberius, hatte einmal geweissagt, dass Caligulas Chancen auf den Kaiserthron ebenso gut stünden wie die, auf einem Pferd über die Bucht von Neapel zu reiten. Also ließ Caligula im Jahr 39 zwischen den Ortschaften Puteoli und Baiae eine provisorische Brücke aus Flößen und Booten über die fünf Kilometer breite Bucht bauen, über die er dann mit Incitatus ritt. Als das Pferd im darauffolgenden Jahr starb, erhielt es ein fürstliches Begräbnis und wurde mit einer Parade durch die Straßen Roms geehrt, während Caligula anordnete, Incitatus als Gott zu verehren. Das überzeugte seine engste Umgebung endgültig davon, dass er entweder zu arrogant oder zu verrückt war, um länger im Amt zu bleiben. Seine Leibwächter verschworen sich mit einigen Senatoren und ermordeten ihn im Jahr 41.

Politische Lehre: Man macht sich Feinde, wenn man Freunde zu gut behandelt.

DIE SELTSAMEN HAUSTIERE DER GROSSEN DIESER WELT

Ein Nilpferd namens Billy
Calvin Coolidge,
US-Präsident (1923-29)

Eine Ratte namens Jonathan
Teddy Roosevelt,
US-Präsident (1901-09)

Orang-Utan
Joséphine,
Kaiserin von Frankreich
(1804-14)

Giraffe
Julius Caesar,
römischer Herrscher
(49-44 v. Chr.)

Alligator (in der Badewanne des Weißen Hauses gehalten)
John Quincy Adams,
US-Präsident
(1825-29)

Elefant
Karl der Große,
Kaiser des Heiligen
Römischen Reichs
(800-814)

Leopard
Mobutu Sese Seko,
Präsident von Zaire
(1965-97)

Stachelschwein
Louis IX.,
König von Frankreich
(1226-70)

WIE MAN EIN FEINDSELIGES PUBLIKUM BEARBEITET

Fluchtwege planen.
Wenn Sie an einem Ort auftreten, wo man traditionell gegen Ihre Partei eingestellt ist, ermitteln Sie zunächst die schnellsten Zugangs- und Fluchtwege. Registrieren Sie Bereiche, wo Ihnen Protestierer den Weg verstellen könnten oder von denen aus man Sie möglicherweise mit Tomaten, Eiern, Torten und anderen Wurfgeschossen traktiert. Stellen Sie sicher, dass Ihre eigenen Leute während der Veranstaltung so aufgestellt sind, dass sie Ihnen notfalls den Fluchtweg freihalten und Wurfobjekte frühzeitig erkennen.

Seien Sie Mensch.
Erscheinen Sie frühzeitig und plaudern Sie zwanglos in kleinen Zweier- oder Dreiergrüppchen. Stellen Sie den Kontakt auf einer persönlichen Ebene her, sprechen Sie über die Familie, Hobbies, Sport, das Wetter und andere unpolitische Themen, um sich als Mensch zu präsentieren und die Feindseligkeiten abzumildern, deren Opfer Sie sonst während der eigentlichen Veranstaltung werden könnten.

Lassen Sie sich vorstellen.
Sorgen Sie dafür, dass Sie von einer bekannten lokalen Persönlichkeit präsentiert werden, bevor Sie Ihre Ansprache halten. Nach der Einführung sprechen Sie in den höchsten Tönen über diese Person und ihren Charakter – und applaudieren Sie ihr, damit die Menge mit einstimmen muss.

Umgeben Sie sich mit Kindern.

Verteilen Sie Lob und bedienen Sie Gemeinplätze.
Betonen Sie Ihren gemeinsamen Glauben an ganz grundlegende Prinzipien. Machen Sie dem Publikum und seiner Stadt, dem Bundestaat, der Provinz, dem Territorium oder Land Komplimente, weil man dort Gemeinplätze wie Familie, Sicherheit und Wohlstand hochhält, und schwören Sie, dass Sie diese Wertvorstellungen teilen. Bringen Sie Ihre Opposition mit Verbrechen, Armut, Krankheit, Unglück und anderen allgemein als unappetitlich geltenden Dingen in Verbindung, ohne ins Detail zu gehen.

Meinungsverschiedenheiten anerkennen und entschärfen.
Akzeptieren Sie Meinungsunterschiede und sagen Sie, dass deren Anerkennung der erste Schritt zur Verständigung ist, und betonen Sie Ihr Interesse an einer solchen. Keine Einzelheiten!

Umgeben Sie sich mit Kindern.
Schaffen Sie eine Gruppe ortsansässiger Kinder zu der Veranstaltung, am besten aus benachteiligten Familien. Präsentieren Sie sie während Ihrer Ansprache als „die Zukunft des Landes". Sollten sich die Ereignisse zuspitzen, scharen Sie die Kinder um sich und rufen Sie die Menge dazu auf, „um der Kinder willen" Ruhe zu bewahren. Denken Sie daran, dass die Anwesenheit der Kinder auch die Wahrscheinlichkeit reduziert, dass man mit Gegenständen nach Ihnen wirft.

Verlassen Sie die Veranstaltung so bald wie möglich.

DIE WILDESTEN PARLAMENTARISCHEN AUSEINANDERSETZUNGEN

Forum	Kombattanten
Südkoreanische Nationalversammlung (Dezember 2007)	Mitglieder der regierenden UNDP-Partei vs. Mitglieder der oppositionellen GNP
Senat des australischen Parlaments (Dezember 2003)	Der demokratische Senator Andrew Bartlett gegen die liberale Senatorin Jeannie Ferris
Mittägliches Arbeitsessen in einem Konferenzsaal von Taiwans Legislativ-Yuan (Oktober 2004)	Mitglieder der oppositionellen Nationalpartei vs. Mitglieder der regierenden Fortschrittspartei
US-Senat (1856)	Senator Charles Sumner aus Massachusetts gegen den Repräsentanten von South Carolina, Preston Brooks
Mexikanischer Kongress (2006)	Abgeordnete der oppositionellen PRD gegen Mitglieder der regierenden PAN
Parlament von Sri Lanka (24. Juli 2004)	Abgeordnete rivalisierender Parteien

Grund	Auseinandersetzung
Debatte über die Amtsenthebung einiger Staatsanwälte, die einen Präsidentschaftskandidaten der GNP in einem Betrugsfall entlastet hatten	Während die UNDP versuchte das Podium zu räumen, um die Vorlage zur Abstimmung zu bringen, verbarrikadierten sich Abgeordnete der rivalisierenden GNP dort mit Ketten, Stahlstangen und Sofas, während die UNDPler die Barrikade mit Kettensägen zu durchbrechen versuchten
Unmittelbar nach einer Abstimmung stellte Bartlett Ferris zur Rede, weil deren Mitarbeiter sich fünf Flaschen Wein zurückgeholt hatten, welche Bartlett früher am Tag während einer Weihnachtsfeier gemopst hatte	Bartlett schrie auf Ferris ein und packte sie am Arm. Als sie aus dem Senat flüchtete, rannte er ihr nach und beschimpfte sie aufs Übelste
Hitzige Debatte über internationale Waffenverkäufe	Ein anonymer Fortschrittsparteiler schmiss ein hartgekochtes Ei nach der Nationalistin Chu Fong-chi, die geschickt auswich und dann ihr gesamtes Mittagessen auf dem Fortschrittlichen Chen Chong-yi deponierte und damit eine grandiose Essensschlacht zwischen Dutzenden von Abgeordneten auslöste
In einer Rede am Vortag hatte Sumner Brooks Neffen Senator Andrew Butler beschuldigt, ein „Sklaventreiber" zu sein	Brooks schlug mit seinem goldbeschlagenen Spazierstock auf Sumner ein. Als er versuchte, unter dem Tisch in Deckung zu gehen, riss Brooks diesen aus der Verankerung und prügelte weiter, bis Sumner mit einem Schädeltrauma und schwerem Blutverlust das Bewusstsein verlor
Aufgebracht über Wahlunregelmäßigkeiten schworen Mitglieder der PRD, die Vereidigung des künftigen Präsidenten Felipe Calderón zu verhindern	PAN-Abgeordnete bemächtigten sich gewaltsam der Kontrolle über den Saal und ließen sich auch nach drei Tagen immer wieder aufflackernder Kämpfe nicht vertreiben
Der Vorwurf, dass Premierministerin Chandrika Kumaratunga in ihrer Tasche eine Bombe zu einer Kabinettssitzung mitgebracht hätte	Die Abgeordneten bekriegten sich fast eine Stunde lang, während sich der Tumult auf das zeremonielle Zepter konzentrierte, das die Opposition als Hiebwaffe einzusetzen versuchte. Ein Abgeordneter (ein buddhistischer Mönch) musste nach der Rauferei ins Krankenhaus eingeliefert werden

TÖDLICHE WARTEZEITEN
AFGHANISCHER REFORMER DES VERKEHRSWESENS VON WÜTENDEM MOB WEGEN MASSIVER VERSPÄTUNGEN GETÖTET

Als die Herrschaft der Taliban 2001 zu Ende ging, kehrte Abdul Rahman als Luftfahrts- und Verkehrsminister nach Kabul zurück. Er wollte eine aktive Rolle beim Wiederaufbau seines Heimatlands spielen, das die Taliban in einem schrecklichen Zustand hinterlassen hatten. Als Arzt und politischer Reformer glaubte er fest an Demokratie und den freien Markt und hoffte, Afghanistans Image verbessern und es in ein gefragtes Reiseland verwandeln zu können, wenn er die Infrastruktur modernisierte. Am 14. Februar 2002 wollte Rahman seinen Flug zu einem offiziellen Besuch in Neu Delhi erreichen. Doch der Flughafen war überfüllt von Hunderten von zornigen Pilgern auf ihrer „Hadsch" nach Mekka, die hier seit Tagen wegen Verspätungen und abgesagter Flüge festhingen. Rahman fuhr an den Pilgern im Terminal vorbei und bestieg ein Flugzeug, das auf der Rollbahn auf ihn wartete. Die wütenden Pilger stürmten die Startbahn und blockierten sie, so dass Rahmans Flugzeug nicht abheben konnte. Die tobende Menge verlangte eine Erklärung dafür, warum ihre Flüge zur Erfüllung einer religiösen Pflicht Verspätung hatten, während sein Regierungsflug pünktlich abging. Als Rahman das Flugzeug verließ, um die zornigen Reisenden zu beruhigen, packten sie ihn und schlugen ihn tot. Sie warfen seine blutüberströmte Leiche auf die Startbahn und kehrten ins Terminal zurück, um auf ihre Flüge zu warten.

Politische Lehre: Diskutieren Sie nie mit einem wütenden Mob.

DER MOB SCHLÄGT ZU
POLITIKER, DIE VON EINER AUFGEBRACHTEN MENGE GETÖTET WURDEN

Wer	Mob	Wie
Filiberto López Pérez Bürgermeister von Chanal, (Mexiko, 1991)	Hunderte von Wählern, erzürnt über ein Verkaufsverbot für Alkohol	Innerhalb von zwei Stunden zu Tode geprügelt
Benito Mussolini Italienischer Diktator (1922-43)	Kommunistische Partisanen	Wurde ergriffen, während er als deutscher Soldat verkleidet aus Italien zu entkommen versuchte; erschossen und an einem Fleischerhaken auf dem Marktplatz von Mailand aufgehängt
Joseph Smith jr. US-Präsidentschaftskandidat (1844); Gründer der Kirche der Heiligen der Letzten Tage	200 Männer, die sich über Gerüchte erregten, dass Smith in Illinois ein polygamistisches Königreich errichten wolle	Dreimal angeschossen, fiel aus einem Fenster im zweiten Stock; wurde dann an die Wand gestellt und gründlich erschossen
Johan de Witt Holländischer Ratspensionär (1653-72)	Protestantischer Lynchmob, der mit seinen außenpolitischen Misserfolgen unzufrieden war	De Witt geriet in einen Hinterhalt, als er seinen Bruder im Gefängnis besuchte, wurde mitsamt seinem Bruder auf die Straße gezerrt, erschossen, aufgehängt und teilweise aufgegessen
Robert Imbrie US-Konsul im Iran (1924)	Religiöse Fanatiker, die empört darüber waren, dass Imbrie einen Ihrer heiligen Schreine fotografierte	Geschlagen und erstochen
Marcus Aurelius Cleander Präfekt der Prätorianergarde und engster Berater von Kaiser Commodus (188-190)	Hunderte von römischen Bauern, denen sich später auch Legionäre in einem Aufstand wegen Lebensmittelknappheit anschlossen	Cleander wurde von den Bauernhorden in einen römischen Palast getrieben; der Mob verlangte, dass Commodus ihn enthauptete und ihnen seinen Kopf präsentierte

EIN UNWIDERSTEHLICHER POLITIKER
CASSIUS MARCELLUS CLAY LÄSST SEINE ANGREIFER LEIDEN

Cassius Marcellus Clay, ein Aktivist in der amerikanischen Anti-Sklaverei-Bewegung, wurde den Befürwortern der Sklaverei in Kentucky derart unbequem, dass sie den politischen Extremisten Sam Brown anheuerten, um ihn zu ermorden. Brown schoss Clay während einer politischen Debatte 1843 in die Brust. Der hünenhafte Clay, der einmal einem Gegner so viel Angst eingejagt hatte, dass er schon in der Nacht vor dem anberaumten Duell Selbstmord beging, zog daraufhin sein Bowie-Messer. Obwohl er eine Kugel in der Brust hatte und Browns Kumpane ihn zurückzuhalten versuchten, gelang es Clay, Brown die Nase und das linke Ohr abzuschneiden und ihm das rechte Auge auszustechen. Dann hob er Brown in die Höhe und warf ihn über eine Mauer und eine Böschung hinab. Clays Gegenwehr erschien so unverhältnismäßig, dass er wegen schwerer Körperverletzung verhaftet wurde. Sechs Jahre später erfolgte ein weiterer Angriff auf Clay, wieder während einer Rede, in der er die Sklavenbefreiung forderte. Cyrus Turner, der Sohn eines sklavereifreundlichen Politikers, und seine fünf Brüder umzingelten Clay, verprügelten ihn und schlugen mit Knüppeln auf ihn ein. Sie entrangen Clay sein Bowiemesser und versetzten ihm mehrere Stichwunden. Einer der Brüder setzte Clay seine Pistole an den Kopf, doch die Patronen waren Blindgänger. Schließlich gelang es Clay, sein Messer zurückzuerobern, und die Angreifer rannten davon. Clay verfolgte sie und stach Cyrus Turner nieder, bevor er, geschwächt vom Blutverlust, das Bewusstsein verlor. Er erholte sich wieder und diente unter Präsident Lincoln als Botschafter in Russland, wo er seine Gastgeber dazu überredete, im amerikanischen Bürgerkrieg ihre Flotte zur Unterstützung der Nordstaaten zu entsenden und Alaska 1867 an die USA zu verkaufen. Im Alter von 92 Jahren nahm Clay es noch einmal mit drei Einbrechern auf, die nachts in sein Haus eindrangen, schoss einen von ihnen nieder, schlitzte dem anderen mit seinem Bowiemesser den Bauch auf und verwundete den dritten schwer. Ein Jahr später starb er eines natürlichen Todes.

Politische Lehre: Niemals aufgeben.

SCHLECHTE GESETZGEBUNG

Wo	Wann	Gesetz
China	2007	Tote buddhistische Mönche brauchen eine staatliche Genehmigung zur Reinkarnation
England	1324 (bis heute gültig)	Störe und Wale, die am Strand angespült werden, müssen dem regierenden Monarchen des Landes übergeben werden
Westbengalen Indien	2006	Kühe müssen einen Personalausweis mit Foto bei sich führen
Singapur	2003	Es ist illegal, ohne ärztliches Rezept Kaugummi zu kauen
Kentucky Vereinigte Staaten	1966	Es ist illegal, gefärbte Vögel oder Hasen in Mengen unter sechs Stück zu verkaufen
England	1872	In angetrunkenem Zustand Kühe zu treiben, kann mit Gefängnis bis zu 51 Wochen bestraft werden

POLITIK KURZ UND BÜNDIG

Im britischen Unterhaus gibt es heute noch die so genannten „Schwertlinien" – in den Teppich eingestickte rote Linien, die die Mitglieder der verschiedenen Parteien um zwei Degenlängen voneinander trennen, plus 30 cm. Diese Begrenzungen wurden im Mittelalter eingeführt, als die Abgeordneten im Haus noch ihre Schwerter bei sich trugen, damit die rivalisierenden Parteien sich nicht während erhitzter Debatten gegenseitig erstachen.

DIE REISE NACH JERUSALEM
VERFÜGBARE ABGEORDNETENSITZE

China

2985 Sitze

Italien

945 Sitze

Frankreich

908 Sitze

Falklandinseln

10 Sitze

Weihnachtsinseln

9 Sitze

Kokosinseln

7 Sitze

ABSOLUT TROCKEN
SENATOR IGNORIERT RUF DER NATUR UND REDET EINFACH WEITER

Entschlossen, den Status quo der Rassentrennung im Süden der USA zu erhalten, betrat Senator Strom Thurmond im August 1957 das Rednerpult des US-Senats, um so lange zu reden, bis seine Kollegen endlich den Versuch aufgaben, das Bürgerrechtsgesetz zu verabschieden. Der Senator von South Carolina wusste, dass er seinen Filibuster (Dauerrede) allein halten musste, und dass, wenn er seine Rede auch nur einmal unterbrach, um auf die Toilette zu gehen, über den Gesetzesantrag abgestimmt und dieser beschlossen werden würde. Also nahm Thurmond in der Woche vor der abschließenden Debatte täglich ausgedehnte Dampfbäder und reduzierte die Flüssigkeitsaufnahme drastisch. Indem er sich im voraus so dehydrierte, hoffte er zu erreichen, dass das Wasser, das er während seines Filibusters trank, um die Stimmbänder zu schmieren, auf direktem Weg die ausgeschwitzte Flüssigkeit ersetzte, anstatt in seine Blase zu wandern. Für den Notfall versteckte Thurmond einen leeren Eimer in der Garderobe neben dem Sitzungssaal, sodass er hineinurinieren konnte, während er mit einem Fuß noch im Saal stand und diesen rein technisch gesehen nicht verlassen hatte. Die Strategie funktionierte mehr als einen Tag lang. Aber statt die Abstimmung zu vertagen ließen seine Kollegen Thurmond einfach weiterreden. Am Ende warf sein eigener Stab das Handtuch, denn sie fürchteten, er würde dauerhaften gesundheitlichen Schaden erleiden oder sogar sterben, wenn er weitermachte. Das Gesetz wurde mit überwältigender Mehrheit verabschiedet. Aber Thurmond hält immer noch den Rekord für den längsten Filibuster der Senatsgeschichte: 24 Stunden und 18 Minuten.

Politische Lehre: Manchmal muss man es einfach gut sein lassen.

GESETZESSTAU
VERZWEIFELTE LETZTE VERSUCHE, EIN GESETZ ZU VERHINDERN

Wer	Wo und wann	Zu blockieren
Reverend Fred Nile	Parlament von New South Wales, Australien; 1993	Ein Gesetz, das es illegalisieren sollte, Homosexuelle wegen ihrer sexuellen Orientierung zu verunglimpfen
Jean Lassalle	Französisches Parlament; 2003	Maßnahme zur Verlegung einer Polizeidienststelle aus seinem Heimatbezirk
Abgeordnete der Tamil National Alliance (TNA)	Parlament von Sri Lanka; 2006	Eine Anzahl von Maßnahmen, die in den Augen der TNA ihre Wähler diskriminierte
Abgeordnete der Uri-Partei	Südkoreanische Nationalversammlung; 2004	Amtsenthebungsverfahren gegen Roh Moo-hyun
Abgeordnete der Liberalen und der New Democratic Party	Unterhaus von Ontario, Kanada; 1997	Eine Maßnahme der Konservativen Partei, um Toronto mehrere der umliegenden Städte einzuverleiben
Huey Long aus Louisiana	US-Senat; 1935	Eine Gesetzesvorlage mit Änderungen zum National Recovery Act, die Longs politischen Feinden in Louisiana lukrative Pöstchen verschaffen sollte

Strategie/Dauer	Ergebnis
Hatte es so eilig, um die Vorlage zu verhindern, ins Parlament zu kommen, dass er stürzte und sich drei Rippen brach; verließ das Krankenhaus in Pyjama und Rollstuhl, um doch noch seinen Filibuster zu halten	Gesetz wurde mit großer Mehrheit verabschiedet
Hielt den Vorgang mehrere Minuten lang auf, indem er aufstand und „Majestätische Berge" sang – ein in Südfrankreich und den Pyrenäen sehr populäres Lied	Nachdem Lassalles Gesang und das Gelächter seiner Kollegen verstummt waren, wurde die Maßnahme beschlossen
Blockierten Schulter an Schulter den Eingang zum Sitzungssaal und hinderten den Parlamentspräsidenten W. J. M. Lokubandara am Eintreten, sodass er die Sitzung nicht eröffnen konnte	Lokubandara versuchte es durch einen Nebeneingang, fand sich aber schnell umringt von TNA-Abgeordneten, die Parolen schrien und Plakate schwenkten, bis er die Sitzung absagen musste
Bemächtigten sich mit Gewalt des Rednerpults und hielten es zwei Tage lang besetzt, sodass die Versammlung ihren Aufgaben nicht nachkommen konnte	Nachdem bewaffnete Wachtposten die schreienden Uri-Abgeordneten vom Pult gezerrt hatten, ging das Amtsenthebungsverfahren durch, wurde aber ein paar Monate später vor Gericht wieder aufgehoben
Brachten 12 000 Änderungsvorschläge zu der Vorlage ein, über die alle einzeln abgestimmt werden musste – ein Vorgang, der zehn Tage ununterbrochenen Abstimmens mit nur acht Stunden Pause in Anspruch nahm	Alle Änderungsvorschläge wurden niedergestimmt und das Gesetz in seiner ursprünglichen Fassung verabschiedet
Übernahm das Rednerpult zu einem Filibuster und sprach mehr als 15 Stunden lang, wobei er seine Rezepte für gebratene Austern und Roquefort-Salatsoße zum Besten gab, als er nichts Sachdienliches mehr zu sagen hatte	Long musste am Ende seine Rede unterbrechen, um zu urinieren, und die Vorlage wurde verabschiedet, während er auf der Toilette war

KAPITEL 3

SELBSTINSZENIERUNG
Die Medien und die Botschaft

WIE MAN SICH VON EINEM REPORTER LÖCHER IN DEN BAUCH FRAGEN LÄSST UND ÜBERLEBT

Atmen.
Wenn die Fragen zu aggressiv werden, reichern Sie Blut und Gehirn mit Sauerstoff an, indem Sie tief Luft holen, und zwar durch die Nase – nicht durch den Mund, das könnte als entsetztes Aufkeuchen interpretiert werden. Die Pause und der zusätzliche Sauerstoff werden Ihnen helfen, sich eine Antwort zurechtzulegen.

Achten Sie auf Ihre Körpersprache.
Vermeiden Sie verräterische Anzeichen des Lügens, etwa beiseite zu blicken oder den Fragesteller zu fixieren, Ihre Kleidung zu richten, mit Gegenständen zu spielen oder Gesicht, Nase, Mund und Ohren zu berühren. Keinesfalls Abwehrhaltung einnehmen, wie beispielsweise die Arme verschränken.

Sprechen Sie kontrolliert.
Vermeiden Sie hörbare Anzeichen des Lügens, Stammeln, Zögern, Fülllaute wie „äh" oder „hm", und wiederholen Sie nicht die präzise Formulierung des Fragestellers in der Antwort. Formulieren Sie einfach und unkompliziert („Nein, mit der Frau hatte ich keinen Sex"), denn das zeugt von Gelassenheit und Wahrheitsliebe.

Loben Sie die Frage.
Gratulieren Sie dem Reporter dafür, dass er Fragen stellt, die einer Antwort wert sind.

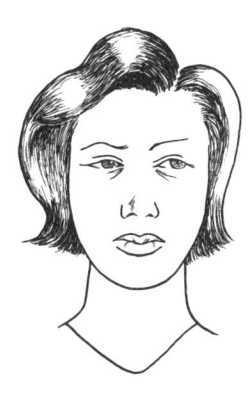

Zur Seite sehen

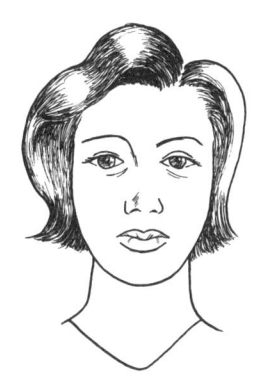

Fixieren

Kleidung richten

Gesicht berühren

Vermeiden Sie die physischen Anzeichen der Lüge.

Sagen Sie zu, die Frage zu einem späteren Zeitpunkt zu beantworten.
Äußern Sie, dass das Thema oder die Situation weiterer Nachforschung oder Vertiefung bedarf, und dass es den Wählern gegenüber nicht fair wäre, vorzeitig einen Kommentar abzugeben.

Wiederholen Sie das Offensichtliche.
Beschränken Sie Ihre Antwort auf Fakten, über die ohnehin weitgehend Einigkeit besteht.

Geben Sie Kleinigkeiten zu.
Die Zustimmung in weniger wichtigen Punkten vermittelt den Eindruck von Freimütigkeit. Anschließend verweisen Sie sofort auf Ihre Leistungen, die ja kleinere Irrtümer bei weitem aufwiegen.

Bleiben Sie gelassen.
Lassen Sie die Aggressivität der Fragestellung oder die Emotionalität des Reporters nicht auf sich abfärben. Wenn Sie angesichts einer unangenehmen Situation Fassung bewahren, zeigt das, dass Sie damit umgehen können und nichts zu verbergen haben.

Befragen Sie sich selbst.
Wenn Ihnen die Richtung nicht gefällt, in die die Fragen des Reporters sich entwickeln, fangen Sie an, sich selbst Fragen zu stellen, die leichter zu beantworten sind. „Dann wollen Sie also von mir wissen, ob …"

WAHRHEIT UND RISIKO
FÜHRENDER PRÄSIDENTSCHAFTSKANDIDAT FORDERT DIE PRESSE HERAUS UND VERLIERT

Als er im April 1988 von der New York Times in einem Interview nach den Gerüchten befragt wurde, dass er seiner Frau untreu sei, erklärte der Favorit der kommenden US-Präsidentschaftswahlen Gary Hart kühn: „Folgen Sie mir einfach. Das macht mir nichts aus. Im Ernst. Wenn Sie mich beschatten lassen wollen, tun Sie das ruhig. Das wird sehr langweilig für Sie." Was Hart nicht wusste, war, dass ihm ein paar Reporter vom Miami Herald bereits auf den Fersen waren. In der Woche nach seinem „kühnen" Interview beobachteten die Reporter vom Herald, wie eine junge Frau namens Donna Rice eines Abends Harts Stadthaus durch die Vordertür betrat. Die Reporter blieben die ganze Nacht und sahen Rice nicht wieder herauskommen. Am folgenden Morgen stellten sie Hart vor der Haustür zur Rede. Er behauptete, Rice sei lediglich eine Freundin und habe das Haus kurz nach ihrer Ankunft durch die Hintertür wieder verlassen. Er bestand darauf, seit seiner Hochzeit vor 28 Jahren nie mit Rice oder einer anderen Frau als seiner Ehefrau Lee Sex gehabt zu haben. Ein paar Tage später veröffentlichte der National Enquirer Fotos von Rice, wie sie sich bei einem Wochenendausflug auf die Bahamas – an Bord einer Jacht namens Monkey Business – auf Harts Schoß räkelte. Zwei Tage später zog Hart seine Kandidatur zurück.

Politische Lehre: Übertreiben Sie's weder mit dem Leugnen noch mit der Offenheit.

SHOWDOWN ZWISCHEN POLITIKERN UND JOURNALISTEN

Politiker	Journalist
Mamadou Gassama Diaby Parlamentsmitglied von Mali	Chahana Takiou vom L'Independent, einer vierzehntägigen Zeitschrift aus Mali
John Adams 2. Präsident der USA (1797-1801)	Benjamin Franklin Bache, Redakteur der Zeitung The Philadelphia Aurora
John Duffy Chefstratege der Liberalen Partei Kanadas	Mike Duffy (keine Verwandtschaft)
Noel Crichton-Browne Australischer Senator (1981-95)	Colleen Egan, Reporterin bei The Australian
Jean Bertrand Aristide Präsident von Haiti (1991-96, 2001-04)	Jean Dominique, ein beliebter Radiomoderator in Haiti
George Bush sr. und George Bush jr. 41. und 43. Präsident der USA	CBS-Fernsehmoderator Dan Rather

Story	Ausgang
Diaby ging im Plenarsaal der Nationalversammlung auf Takiou los, weil dieser ihn der Bestechung eines anderen Parlamentsmitglieds beschuldigt hatte, schlug auf den Journalisten ein und versuchte ihn zu erwürgen, bevor Kollegen ihn wegzerren konnten	Takiou musste halbtot und in aller Eile ins Krankenhaus gebracht werden, während Diabys Attacke ungeahndet blieb
Artikel, die Adams in verschiedenen Punkten kritisierten, unter anderem wegen der „Alien and Sedition Acts" von 1798, die jede Kritik an Adams in Druck und Schrift untersagten	Bache wurde genau aus diesem Grund verhaftet und starb im Gefängnis an Gelbfieber, während er auf seinen Prozess wartete
Mike Duffy beschuldigte während eines TV-Interviews 2006 John Duffy, ihm während einer Werbepause gedroht zu haben, damit er keine Fragen nach einem umstrittenen Wahlspot der Liberalen Partei stellte	Der betreffende Wahlspot war zwar nach negativen Reaktionen bereits zurückgezogen worden, aber das war noch gar nichts gegen die jetzt folgende negative Publicity, die die Liberalen drei Wochen später die Wahl kostete
Nachdem Crichton-Browne Egan während eines Parteitags der Liberalen Partei seinen eigentlich geheimen Stimmzettel gezeigt hatte, drohte er ihr mit sexuellen Attacken, falls sie darüber berichten sollte	Egan zeigte ihn an, und Browne wurde aus der Liberalen Partei und dem Senat ausgeschlossen
Eine Reihe regierungskritischer Kommentare über Aristide	Dominique wurde 2000 von zwei Männern vor seinem Sender erschossen; der Verdacht richtete sich gegen Aristide und seine Genossen, aber es wurde nie Anklage erhoben
Fragen nach der Rolle von Bush sr. im Iran-Contra-Skandal und nach Bush jr.s Militärdienst im Vietnamkrieg	Die Herren Bush verteidigten sich vehement, zogen Rathers journalistisches Ethos in Zweifel und zwangen ihn, zurückzustecken

KAPITEL 3: SELBSTINSTINSZENIERUNG 103

UND JETZT ZUR ANDEREN SEITE
POLITISCHER JOURNALIST WECHSELT ZWEIMAL ZU OFT DEN STANDPUNKT

Die monarchiekritischen Schriften des englischen Journalisten Marchamont Needham in seiner Wochenzeitung Mercurius Britanicus ärgerten den britischen König Karl I. so sehr, dass er ihn 1646 einsperren ließ. Karl befand sich gerade mitten in einem Bürgerkrieg gegen Reformer, die ihn stürzen und die Monarchie durch eine rein parlamentarische Form der Herrschaft ersetzen wollten. Es gab zwar eine Menge kritischer Pamphlete gegen Karls Regierung, doch Needham war besonders bissig und effektiv. Er veröffentlichte sogar eine Reihe von Karls privaten Briefen, die dieser in der Schlacht von Naseby 1645 verloren hatte, und diese öffentliche Demütigung war für den König fast so schlimm wie die Niederlage in der Schlacht. Nach zwei Wochen im Gefängnis machte Needham eine politische Wandlung durch. Er kam zu dem Schluss, dass er im Grunde seines Herzens Monarchist war, und bot dem König an, seine Talente für eine neue royalistische Druckschrift einzusetzen, den Mercurius Pragmaticus. Jetzt genoss er zwar wieder die Gnade des Königs, doch seine früheren parlamentaristischen Bundesgenossen waren nicht erfreut. Nachdem sie Karl 1649 gestürzt und hingerichtet hatten, warfen sie Needham ins Gefängnis. Da ging wieder eine Wandlung in ihm vor: Er widerrief seine monarchistischen Schriften und kehrte zum Glauben an den Parlamentarismus zurück. Nach seiner Entlassung gab er den Mercurius Politicus heraus, eine pro-parlamentarische Zeitung. Er schrieb so lange über die Vorzüge der parlamentarischen Regierungsform und die Schrecken der Monarchie, als die Parlamentaristen 1660 von Monarchisten gestürzt wurden. Als Karls Sohn Karl II. den Thron bestieg und die englische Monarchie wiederherstellte, verließ Needham fluchtartig das Land.

Politische Lehre: Kurs halten.

UNANGEBRACHTE ZITATE

„Vergessen Sie nicht, dass es in der Weltgeschichte einen Fall gab, da es zwischen Christus und Barabbas zu wählen galt, und die Leute wählten Barabbas."
– Augusto Pinochet, Chile

„Ich kann Präsident der Vereinigten Staaten sein, oder ich kann Alice unter Kontrolle halten. Beides gleichzeitig ist unmöglich."
– Theodore Roosevelt, USA, über das Benehmen seiner Tochter Alice

„Die Wahrheit ist, dass die Menschen genug haben von der Freiheit."
– Benito Mussolini, Italien

„Glaube nie etwas in der Politik, bevor es nicht offiziell dementiert wurde."
– Otto von Bismarck, Deutschland

„Alles, was ich von Deutschland kenne, sind die Toiletten am Frankfurter Flughafen, und das reicht auch völlig."
– Jaroslaw Kaczynski, Polen

„Wir werden Ihnen im Interesse der Allgemeinheit etwas wegnehmen."
– Hillary Clinton, USA

„Wer andere nicht täuschen kann, der kann auch nicht herrschen."
– Rafael Trujillo, Dominikanische Republik

WER ZULETZT LACHT
KARIKATURIST LEGT POLITISCHE SCHALTZENTRALE IN NEW YORK STILL

Mitte des 19. Jahrhunderts war William „Boss" Tweed Chef der korrupten demokratischen Parteizentrale in Tammany Hall, die ganz New York unter Kontrolle hatte. Mittels Bestechung, Vetternwirtschaft, Einschüchterung und Gewalt schaltete und waltete Tweed nach Belieben, beherrschte das Schulsystem, das Bürgermeisteramt, das Baugeschäft und sogar die Gerichte. Um mit der Stadt Geschäfte zu machen, musste man Boss Tweed bestechen, der einen Teil des Gewinns oder Gehalts einstrich, sobald man einen Job oder Vertrag bekam. Obwohl Tweed wegen seiner Gier und Machtfülle viele Gegner hatte, war seine Organisation so reich, allgegenwärtig und gut organisiert, dass er als unbesiegbar galt. Sein Ende wurde schließlich durch eine Serie von Karikaturen eingeläutet. 1870, als Tweed auf dem Höhepunkt seines Einflusses stand, begann der politische Karikaturist Thomas Nast in Harper's Weekly seine Arbeiten zu veröffentlichen, die Tweed als fetten, grinsenden Schlägertypen zeigten, der sich die Taschen auf Kosten der Öffentlichkeit vollstopfte und alles verschlang, was sich ihm in den Weg stellte. Da viele seiner Gefolgsleute Analphabeten waren, hatte negative Berichterstattung Tweed bisher ziemlich kaltgelassen, doch wegen der satirischen Karikaturen geriet er in Panik. Er bot Nast 8 Millionen Dollar an, wenn er das Land verließ. Nast lehnte ab. Im Jahr nach der Veröffentlichung der ersten Karikaturen gewannen gegen Tweed eingestellte Reformkandidaten erstmals wieder Wahlen in der Stadt. 1872 gelang es schließlich, Tweed vor Gericht zu stellen, und im November des Jahres wurde er wegen Betrugs und Korruption zu 12 Jahren Haft verurteilt. 1874 schaffte er es, durch Bestechung aus dem Gefängnis zu entkommen und nach Kuba zu gehen. Dort wurde er wieder verhaftet, konnte aber flüchten und segelte nach Spanien davon. Die amerikanische Staatsanwaltschaft fand heraus, wohin er wollte, und ließ Tweed bei der Ankunft durch die spanische Polizei festnehmen. Angeblich identifizierten ihn die Spanier aufgrund einer Karikatur von Thomas Nast.

Politische Lehre: Es geht doch etwas gegen „die da oben".

WIE MAN MIT SCHLECHTER PRESSE UMGEHT

Fassung bewahren.
Egal, wie aufgebracht Sie sind, lassen Sie sich durch negative Berichterstattung nicht zu wütenden oder unüberlegten Worten und Taten hinreißen. Die Wähler erwarten von einem Politiker ein dickes Fell, und die Medien würden mit Vergnügen immer wieder das Messer in der Wunde herumdrehen, wenn sie Ihren empfindlichen Punkt gefunden haben.

Schießen Sie sich auf die Fakten ein.
Lassen Sie durch Mitarbeiter die schlechte Presse auf kleinste Fehler oder Widersprüche hin durchkämmen. Picken Sie sich diese heraus und stellen Sie damit die gesamte Berichterstattung in Frage, denn was kann man den Reportern eigentlich noch glauben, wenn sie nicht einmal Kleinigkeiten richtig recherchieren?

Deuten Sie die Situation so um, dass ein öffentlicher Aufschrei erfolgt.
Mobilisieren Sie die Massen, indem Sie den Angriff auf sich selbst als Angriff auf sie, ihre Familien und tiefsten Glaubensgrundsätze und Überzeugungen darstellen, womit Sie sich gleichzeitig aus der Schusslinie nehmen. Sagen Sie: „Hier geht es nicht um mich, hier geht es um uns alle." Bitten Sie um finanzielle Zuwendungen und sonstige Unterstützung, damit Sie sich stellvertretend für alle gegen den „Skandal" zur Wehr setzen können.

Schlagen Sie nicht zurück.

Spielen Sie die Medien gegeneinander aus.
Bieten Sie einem Medienportal, das in Konkurrenz zu dem für die negative Presse verantwortlichen Magazin, der Zeitung oder der Rundfunkstation steht, ein spezielles Exklusivinterview an, in dem Sie „vollständige Aufklärung" versprechen. Davon profitieren Sie, und da das Medienportal gleichzeitig die Chance hat, seinen Rivalen schlecht aussehen zu lassen, dürfen Sie mit großer Publicity rechnen.

Reagieren Sie nicht.
Geben Sie sich überlegen, indem Sie die Versuche der Reporter, Sie zu einem Kommentar zu verleiten, beiseite wischen. Sagen Sie, dass Sie Ihre Zeit und Energie lieber auf die berechtigten Interessen der Wähler konzentrieren und sich wünschten, die Medien würden dasselbe tun.

POLITIK KURZ UND BÜNDIG

Die erste professionelle weibliche Journalistin der Vereinigten Staaten, Anne Royall, holte sich eine Abfuhr, als sie 1825 den damaligen US-Präsidenten John Quincey Adams um ein Interview bat. Aber sie fand heraus, dass Adams als erstes jeden Morgen um 5.00 Uhr früh nackt im Potomac River in Washington DC zu schwimmen pflegte, und legte sich auf die Lauer. Als der Präsident hüllenlos wieder aus dem Fluss auftauchte, fand er die Reporterin auf seinen Kleidern sitzend vor. Sie weigerte sich, aufzustehen und ihn sich ankleiden zu lassen, bevor er sich zu einem Interview bereit erklärte. Adams lenkte ein, und so wurde Royall die erste Frau, die einen US-Präsidenten interviewte.

DIE KONKURRENZ BEGRABEN
CHINESISCHER KAISER BRINGT SEINE KRITIKER UNTER ZWEI METERN ERDE ZUM SCHWEIGEN

Der Gründervater Chinas, Kaiser Qin Shi Hang, schuf im dritten Jahrhundert v. Chr. aus einer chaotischen Ansammlung verfeindeter Staaten eine vereinte, mächtige Nation, die noch heute besteht. Qin vereinheitlichte Gesetze, Sprache und Maßsystem des Landes und ließ ein ausgedehntes Straßensystem bauen. Seine Herrschaft beendete einen Jahrhunderte langen Bürgerkrieg, und mit dem Bau der Chinesischen Mauer setzte er der Bedrohung durch feindliche Nachbarstaaten ein Ende. Aber trotz seiner Erfolge und nie dagewesenen Machtfülle gab es Opposition. Die schärfsten Kritiker entstammten einer Gruppe konfuzianischer Gelehrter. Sie wandten sich gegen die Versuche des Kaisers, die konfuzianische Lehre zu standardisieren, wobei er Texte verbrennen ließ, die nicht mit seiner eigenen, engen und autoritären, Interpretation der Philosophie übereinstimmten. Tausende seiner Kritiker wurden verhaftet und zur Zwangsarbeit an die Chinesische Mauer geschickt, wo die meisten Arbeiter innerhalb weniger Wochen an Erschöpfung starben. Wie sich herausstellte, hatten sie damit noch Glück gehabt. 460 seiner lautstärksten Kritiker befahl Qin an einen Ort in der Nähe seines Palastes, wo Arbeiter bereits einen tiefen Graben ausgehoben hatten. Die Gelehrten wurden von Soldaten hineingetrieben und dann lebendig begraben.

Politische Lehre: Auch erfolgreiche Leute reagieren manchmal empfindlich auf Kritik.

WHO'S WHO DER ALLERSCHLIMMSTEN

DAN QUAYLE
VIZEPRÄSIDENT DER VEREINIGTEN STAATEN

Missetaten: Gab während Interviews, Debatten und Reden eine Reihe von seltsamen, falschen und bizarren Erklärungen ab, beispielsweise: „Es ist doch eine Verschwendung, den Verstand zu verlieren. Oder gar keinen Verstand zu haben, das ist erst Verschwendung. Wie wahr." ★ „Die Verantwortung eines Gouverneurs lässt sich in einem einzigen Wort zusammenfassen, und dieses Wort lautet: ‚Allzeit bereit sein .'" ★ „Der Holocaust war eine abscheuliche Periode in der Geschichte unserer Nation. Ich meine, in der Geschichte dieses Jahrhunderts. Aber wir alle haben dieses Jahrhundert erlebt. Ich habe nicht in diesem Jahrhundert gelebt." ★ „Die Frage ist: Wollen wir vorwärts in die Zukunft gehen, oder vergangen nach hinten?" ★ „Republikaner verstehen die besondere Bedeutung der Fesselung zwischen Mutter und Kind." ★ „Willkommen bei Präsident Bush, Mrs. Bush und meinen Astronautenkollegen." ★ „Wählerstimmen sind wie Bäume, wenn man einen Wald zu bauen versucht. Wenn man mehr Bäume hat als Wälder, dann heißt das für die Meinungsforscher vermutlich, dass man gewinnen wird." ★ „Wortreichtum führt zu unklaren, unaussprechlichen Dingen." ★ „Der Mars befindet sich im Großen und Ganzen in derselben Umlaufbahn [wie die Erde] … der Mars ist ungefähr genauso weit von der Sonne entfernt, und das ist sehr wichtig. Wir haben Bilder von Kanälen gesehen, und wir glauben, auch von Wasser. Wo Wasser ist, da ist auch Sauerstoff. Wenn es Sauerstoff gibt, heißt das, dass wir dort atmen können." ★ „Das amerikanische Volk interessiert sich nicht dafür, was Dan Quayle falsch zitiert oder vielleicht auch nicht."

Geboren: 4. Februar 1947 in Indiana

Ausbildung: DePauw Universität, Indiana University School of Law in Indianapolis

Spitzname: „Kartoffelkopf", in Anerkennung von Quayles Tätigkeit als Juror bei einem Schülerwettbewerb im Buchstabieren, wo er „Kartoffel" falsch buchstabierte

Zitat: „Ich stehe zu all meinen falschen Angaben."

SCHLECHT HINGEBOGEN

Politiker	Problem	Verdrehung
Maximilien de Robespierre Vorsitzender des „Wohlfahrtsausschusses", der Frankreich de facto 1793/94 regierte	Rechtfertigung der „Terrorherrschaft" seines Komitees, einer zehnmonatigen Periode, in der der Staat über 20 000 Bürger exekutierte	„Terror ist nichts anderes als sofortige, unnachsichtige und unbeugsame Gerechtigkeit; folglich ist er ein Ausfluss der Tugend."
Prawda Offizielles Organ der Kommunistischen Partei der Sowjetunion (1912-92)	Lobpreisung einer der endlosen, langweiligen Reden des kommunistischen Diktators Stalin 1935	„Stalin sprach kurz für etwa eine Stunde."
Marion Barry Bürgermeister v. Washington DC (1979-91; 1995-99)	1989 zeigten Statistiken, dass seine Stadt zur „Hauptstadt der Morde" geworden war	„Abgesehen von den Morden haben wir eine der niedrigsten Verbrechensraten in Amerika."
Pol Pot Kommunistischer Diktator Kambodschas (1976-79)	Zur Erklärung, warum die Regierung während seiner Amtszeit mehr als zwei Millionen Bürger ermordete	„Möglicherweise haben durch Fehler bei der Umsetzung unserer Politik, dem Volk ein Leben in Wohlstand zu ermöglichen, einige Tausend Menschen ihr Leben verloren."
Mobutu Sese Seko Präsident von Zaire (1965-97)	Die Entdeckung von Schweizer Bankkonten auf seinen Namen	„Ich würde meinen Kontostand insgesamt auf weniger als 50 Millionen Dollar schätzen. Was ist das schon im Vergleich zu zweiundzwanzig Jahren als Staatschef eines so großen Landes?"
Jim Gibbons Gouverneur von Nevada (2006-)	Eine Kellnerin beschuldigte ihn, sie betatscht zu haben; Gibbons behauptete, nur nach der Frau gegriffen zu haben, um sie vor einem Sturz zu bewahren	„Jesses, da habe ich aber eine wichtige Lektion gelernt. Reiche nie jemandem die Hand zur Hilfe."

HARTES URTEIL
VERURTEILTER POLITIKER INSZENIERT DIE ULTIMATIV LETZTE PRESSEKONFERENZ

1991 wurde der Leiter der Finanzbehörde von Pennsylvania (USA), R. Budd Dwyer, in einer Bestechungsaffäre um einen mit vielen Millionen dotierten Buchprüfungsvertrag angeklagt. Die meisten der anderen Angeklagten trafen Absprachen mit der Staatsanwaltschaft und sagten gegen Dwyer aus, der weiter seine Unschuld beteuerte. Doch ein Geschworenengericht sprach ihn schuldig, 300 000 Dollar Schmiergeld angenommen zu haben. Am Tag vor der Urteilsverkündung berief Dwyer eine Pressekonferenz in der Hauptstadt Harrisburg ein. Er verlas vor den Reportern und Fernsehteams eine vorbereitete Erklärung. Dann dankte er seiner Familie und seinen Freunden für ihren unerschütterlichen Glauben an ihn und verglich seine Probleme mit denen des biblischen Hiob. Dwyer meinte, der vorsitzende Richter in seinem Fall sei für seine „mittelalterlichen Urteile" bekannt, daher stünden ihm 55 Jahre Gefängnis für eine Tat bevor, die er nach wie vor bestritt. Anschließend überreichte Dwyer seinen Mitarbeitern Umschläge mit einem Abschiedsbrief, einem Organspendeausweis und einem Brief an den Gouverneur. Aus einem weiteren Umschlag zog er eine 357er Magnum heraus. Er bat die Anwesenden: „Bitte verlassen Sie den Raum, wenn Sie ... wenn Sie dies abstoßend finden sollten." Dann steckte er sich den Lauf in den Mund, drückte ab und war sofort tot. Sein Mitangeklagter in dem Fall, Robert Asher, wurde zu einem Jahr verurteilt und setzte nach seiner Entlassung seine politische Karriere fort.

Politische Lehre: Tun Sie's nicht.

WIE MAN ANONYM INFORMATIONEN AN DIE MEDIEN DURCHSICKERN LÄSST

Seien Sie „inoffiziell".

Liefern Sie „inoffiziell" einem Reporter, den Sie gut kennen, „Hintergrundmaterial". Diese viel praktizierte, aber eben inoffizielle Methode bedeutet, dass Sie zwar Informationen verbreiten können, der Reporter Sie aber nicht als offizielle Quelle zitieren darf und seine Story daher anderweitig verifizieren muss. Stellen Sie ihm eine Liste von Personen oder alternativen Informationsquellen zusammen, etwa Gerichtsakten, wo er Ihrem Hinweis nachgehen kann.

Nutzen Sie die Blogosphäre.

Leiten Sie die Informationen über Mittelsmänner an einen Blogger mit großer oder einflussreicher Lesergemeinde weiter und warten Sie einfach ab. Sobald die Information sich über andere Blogs oder Chatgruppen ausgebreitet hat, werden Print- und Rundfunkjournalisten ebenfalls darüber berichten, oder zumindest erwähnen, dass darüber berichtet wird. Was das Durchsickern der Information betrifft, ist der Effekt ein ähnlicher.

Verbreiten Sie Klatsch.

Weil es zum Berufsbild gehört, die Nase in fremde Angelegenheiten zu stecken, sind Journalisten oft eifrige Klatschmäuler. Finden Sie heraus, in welchen Bars, Cafés, Fitnessstudios oder anderen öffentlichen Orten die wichtigen Journalisten sich bevorzugt aufhalten; lassen Sie Ihre Informationen durch einen Mitarbeiter ausstreuen, der ebenfalls dort verkehrt.

Spielen Sie „Deep Throat" und geben Sie Informationen an einen Reporter weiter.

KAPITEL 3: SELBSTINSZENIERUNG 115

Fangen Sie unten an.
Instruieren Sie einen niederrangigen Mitarbeiter oder Freiwilligen, die Information an einen Praktikanten oder ehrgeizigen Jungreporter bei einer wichtigen Nachrichtenquelle weiterzugeben. Dann lehnen Sie sich gelassen zurück und warten ab, wie die Information sich die Leiter hocharbeitet und schließlich gedruckt oder ausgestrahlt wird.

Spielen Sie Klingelputzen.
Stecken Sie die Information in einen an den Reporter adressierten Umschlag und schicken Sie ihn ihm anonym zu, oder schieben Sie ihn in seiner Abwesenheit unter der Tür durch.

Machen Sie auf „Deep Throat".
Betrauen Sie einen zuverlässigen Helfer damit, sich als geheime Informationsquelle für einen wichtigen Journalisten zu etablieren, der es Ihnen damit danken wird, dass er die Informationen gegen Ihren Gegner verwendet.

POLITIK KURZ UND BÜNDIG
Während des US-Präsidentschaftswahlkampfs 1800 lancierten Angehörige der Föderalistischen Partei anonym Gerüchte über den Tod des demokratischen Kandidaten Thomas Jefferson.

SCHLECHTE EINDRÜCKE
AUSTRALISCHER POLITIKER WEGEN DROHANRUFEN HINTER GITTERN

Am 16. Juni 1993 rief ein Mann mit vorgetäuschtem italienischen Akzent bei der Lokalzeitung von Blue Mountain in New South Wales an und gab sich als Auftragskiller der Mafia aus. Er drohte damit, John Pascoe, Umweltaktivist und Mitglied des Stadtrats, in die Luft zu sprengen. In den Wochen zuvor hatte Pascoe bereits Drohanrufe von einem Mann mit falschem chinesischen Akzent erhalten. Die Behörden nahmen die seltsamen Drohungen ernst. Sie verfolgten die Anrufe zu dem ehemaligen Bürgermeister von Blue Mountain, Barry Morris, zurück. Als Besitzer einer lokalen Ölgesellschaft war Morris während seiner Amtszeit für weitere wirtschaftliche Erschließungen eingetreten und dabei oft mit Mitgliedern des Stadtrats aneinandergeraten. Morris und seine Liberale Partei beabsichtigten, die kleine ländliche Gemeinde in ein boomendes Touristik- und Wirtschaftszentrum zu verwandeln, während seine Rivalen von der Labour Party den einzigartigen Charakter der noch ziemlich unberührten Natur erhalten wollten. Morris gab das Bürgermeisteramt ab und wurde 1988 ins australische Parlament gewählt. Aber er hatte den Stadtratsmitgliedern seiner Heimatstadt die Zusammenstöße der Vergangenheit nicht verziehen. Ende 1995 wurde Morris wegen der Drohanrufe zu zwei Jahren Gefängnis verurteilt.

Politische Lehre: Bleiben Sie fair und seien Sie ein guter Verlierer.

VON DER HITLISTE AUF DIE ABSCHUSSLISTE
DIE BEATLES GEBEN DER FIRST LADY DER PHILIPPINEN EINEN KORB UND RISKIEREN IHR LEBEN

Am 3. Juli 1966 traf die äußerst populäre britische Rock-Band The Beatles für zwei Konzerte auf den Philippinen ein. Imelda Marcos, die First Lady des Landes, lud die Band zum Brunch in den Präsidentenpalast. Doch die Beatles waren erschöpft und besorgt, ob sie ihren ersten Auftritt noch rechtzeitig schaffen würden, und lehnten ab. Als ehemalige Schönheitskönigin und Frau des mächtigsten Manns des Landes erwartete Imelda Marcos, dass die Leute spurten, wenn sie sie herbeizitierte. Die Zurückweisung der Beatles war besonders peinlich, denn sie hatte über dreihundert Kinder aus einflussreichen Familien zu dem Brunch eingeladen. Auch das Fernsehen war da, dem sie sich mit der populärsten Band der Welt – vielleicht sogar als Gastsängerin? – hatte präsentieren wollen. Aber gefilmt wurden nur Szenen von weinenden, enttäuschten Kindern. Als die Beatles am nächsten Morgen aufwachten, stellten sie fest, dass Morddrohungen eingegangen waren und ihr philippinisches Sicherheitsteam mitsamt Autos und Fahrern verschwunden war. Besorgt um ihr Leben, eilten die Band und ihre Helfer zum Flughafen, um das Land zu verlassen. Aber auf der Startbahn erwartete sie bereits eine aufgebrachte Menge. Die Band und ihr Gefolge wurden von Hunderten von Marcos-Anhängern bespuckt, getreten, geschlagen, niedergestoßen und angeschrien. Es gelang ihnen, ins Flugzeug zu kommen, doch ihr Manager Brian Epstein musste wieder aussteigen und alles Geld abliefern, das die Band für die beiden ausverkauften Konzerte am Abend zuvor kassiert hatte, bevor sie starten durften. Der Philippinen-Zwischenfall spielte eine große Rolle beim späteren Entschluss der Beatles, nie wieder auf Tournee zu gehen. Zwanzig Jahre später, als Imelda Marcos und ihr Mann Ferdinand selbst fluchtartig die Philippinen verlassen mussten, durchsuchten die Behörden den Präsidentenpalast und entdeckten neben vielen anderen Dingen einen später fallengelassenen Plan zur Ermordung der Beatles, aus Rache dafür, dass sie Imeldas Einladung zum Brunch abgelehnt hatten.

Politische Lehre: Beachten Sie das Protokoll, wenn Sie fremde Länder bereisen.

LYRIK VS. RHETORIK
FEHDEN ZWISCHEN MUSIKERN UND POLITIKERN

Wer	Konflikt	Höhepunkt
Ludwig van Beethoven vs. Napoleon Bonaparte	Beethoven war enttäuscht darüber, dass Napoleon sich 1804 zum Kaiser von Frankreich gekrönt hatte	Beethoven änderte den Titel seiner 3. Sinfonie von „Bonapart Symphonie" in „Heroische Sinfonie" (Eroica) zum „Andenken an einen großen Mann"
Britische Musiker um den Ex-Beatle John Lennon vs. US-Präsident Richard Nixon (1969-74)	1972 plante Lennon eine Amerikatour, um junge Wähler dafür zu mobilisieren, Kandidaten gegen Nixon und den Vietnamkrieg zu unterstützen	Die Nixon-Regierung versuchte, Lennon aus den Vereinigten Staaten ausweisen zu lassen
Fela Kuti, nigerianischer Musiker und politischer Aktivist vs. Yakubu Gowon, nigerianischer Militärdiktator (1966-75)	Als Sozialist kritisierte Kuti in seinen Liedern Gowons Diktatur und gründete eine nigerianische Kommune, die er als unabhängig von Gowons Herrschaft deklarierte	1974 führten Gowons Leute in der Kommune eine Razzia durch und schoben Kuti Haschisch unter, der den Joint aber aufaß, damit man ihn nicht als Beweismittel verwenden konnte
Der jamaikanische Reggaemusiker Bob Marley vs. Edward Seaga, Parteichef von Jamaikas Labour Party	1976 erklärte sich Marley bereit, bei „Smile Jamaica" zu spielen, einem kostenlosen Konzert, das der sozialistische Premierminister Michael Manley organisiert hatte, und brachte damit Manleys Rivalen Seaga vom rechten Flügel gegen sich auf	Drei Tage vor dem Konzert drangen Bewaffnete, die man mit Seaga in Verbindung brachte, in Marleys Anwesen ein und schossen ihn, seine Frau und seinen Manager nieder
Peter Garrett von der australischen Rockband Midnight Oil vs. Premierminister John Howard (1996-2007)	Der linksorientierte Garrett kritisierte den konservativen Howard häufig, weil der sich weigerte, sich im Namen der australischen Regierung bei den Aborigines für deren Unterdrückung zu entschuldigen	Garrett nahm die Entschuldigung selbst in die Hand, als er und seine Bandmitglieder bei der Abschlusszeremonie der Olympischen Sommerspiele 2000 in schwarzen Trainingsanzügen mit dem Schriftzug „Sorry" auftraten

WIE MAN EINE KOMPLIZIERTE BOTSCHAFT VEREINFACHT

Zeigen Sie Gefühl.
Wirkungsvolle und unvergessliche politische Botschaften inspirieren die Wähler auf einer emotionalen Ebene und treiben sie so zu den Wahlurnen. Reichern Sie den Stoff emotional an, damit ihr tiefes Engagement für das Thema oder die Situation zum Ausdruck kommt. Die meisten Wähler wählen mit dem Herzen.

Seien Sie plakativ.
Reduzieren Sie das Thema auf ein einzelnes Bild oder ein Gegensatzpaar, das deutlich zwischen Gut und Böse unterscheidet. Ein Krimineller, der durch eine Drehtür zurück ins Gefängnis wandert, oder ein Kind, das einem schwer bewaffneten Soldaten eine Blume entgegenstreckt, das sind starke Bilder. Der direkte Zusammenhang zwischen Bild und Thema ist weniger wichtig als die positiven oder negativen Gefühle, die es in Bezug auf Ihren Wahlkampf bzw. gegen den Ihres Rivalen auslöst.

Benutzen Sie Analogien.
Wenn eine Visualisierung nicht so leicht möglich ist, beschreiben Sie die Lage verbal mithilfe vertrauter, volkstümlicher Weisheiten so eindeutig, dass es auch der ungebildetste Ihrer Wähler versteht. Assoziieren Sie Ihren Gegner mit möglichen negativen Auswirkungen.

Reduzieren Sie die Angelegenheit auf ein gegensätzliches Bildpaar, aus dem klar hervorgeht, was gut und was schlecht ist.

Lassen Sie dem Zweifel keinen Raum.
Meiden Sie Feinheiten oder Nuancierungen in ihren Stellungnahmen und lassen Sie keinen Raum für Zweifel. Betonen Sie, dass jede Verkomplizierung der Angelegenheit durch Ihren Gegner ein Zeichen seiner „Schwäche" in dieser Hinsicht sei.

Vergleichen und gegenüberstellen.
Beschreiben Sie das Thema in möglichst universellen Begriffen als Konflikt, als eine Wahl zwischen Richtig und Falsch, zwischen Gut und Böse. Machen Sie klar, dass Ihre Position gut und richtig ist, die Ihrer Gegner dagegen falsch und böse.

AUFGEPASST
Wenn die Vereinfachung einer komplexen Botschaft oder eines komplizierten Standpunkts bei den Wählern nicht so ankommt, wie Sie es gerne hätten, lenken Sie ab auf ein anderes Thema, bei dem Ihre entschlossene Haltung Ihnen Vorteile bringt oder die Dinge für den Gegner noch komplizierter macht.

POLITIK KURZ UND BÜNDIG
Während eines Wahlkampfauftritts 1976 in Birmingham, New York, reagierte US-Vizepräsident Nelson Rockefeller auf Demonstranten, indem er ihnen den Stinkefinger zeigte. Die Geste, die Rockefeller mit breitem Grinsen vollführte, wurde fotografiert und erschien am nächsten Tag weltweit in der Presse.

TEILEN UND HERRSCHEN
DEMONSTRANTEN SCHNEIDEN SICH DAS GRÖSSTE STÜCK VOM MEDIENKUCHEN AB

Die Organisatoren einer Veranstaltung in Washington DC im Juli 1982 glaubten, sie hätten die perfekte Art gefunden, das Inkrafttreten von Präsident Reagans Steuersenkungsprogramm zu feiern. Die konservative United States Senate Republican Conference ließ den größten Apfelkuchen der Welt backen und lud alle Welt dazu ein, zur Capitol Mall zu kommen und sich ein Stück abzuholen, um so die angeblich allen zugute kommenden Vorteile der Steuerreform zu demonstrieren. Doch Mitglieder der Community for Creative Nonviolence (CCNV, Gesellschaft für kreative Gewaltlosigkeit; Anm. d. Ü.), einer progressiven politischen Gruppierung, die in Washington DC u. a. Obdachlosenasyle unterhält, lehnten Reagans Steuerpolitik ab. Sie meinten, dass die Steuererleichterungen nur den Reichen zugute kämen und die Armen dafür durch die Kürzung von Sozialprogrammen bluten müssten. Um ihren Standpunkt zu unterstreichen, schickte die CCNV fünf Mitglieder zur Verteilung des Apfelkuchens, gekleidet in überweite, mit Kissen ausgestopfte Smokings und mit Zylindern auf dem Kopf. Um den Hals trugen sie Schilder, die sie als „Bankiers", „Manager", „Geldsäcke", „Großfirmen" und „Lobbyisten" auswiesen. Als die Organisatoren den Kuchen verteilen wollten, drängten sich die fünf Demonstranten nach vorne und warfen sich mit dem Kriegsschrei „ALLES MEINS! ALLES MEINS!" hinein: Sie wälzten sich darin und schmierten sich den Kuchen ins Gesicht, als wollten sie ihn ganz alleine aufessen. Beim Eintreffen der Polizei waren Kuchen und Veranstaltung hinüber.

Politische Lehre: Lassen Sie sich Ihr Medienereignis von niemandem wegschnappen!

DIE SCHLECHTESTEN WAHLKAMPFSLOGANS

Joke! Joke! Joke-ker!

(Witz! Witz! Witziger!)
Wahlkampf: 2000,
philippinischer Senat.
Kandidat: Joker Arroyo

We need Adlai Badly

(Wir brauchen Adlai Badly)
Wahlkampf: 1952,
US-Präsidentschaft.
Kandidat: Adlai Stevenson

Peron oder der Tod

Wahlkampf: 1946,
argentinische
Präsidentschaft.
Kandidat: Juan Peron

Verschleudern Sie nicht Ihre Stimme, geben Sie sie mir

Wahlkampf: 2006,
Gouverneur von New York.
Kandidat: Malachy McCourt

In Your Heart, You Know He's RIGHT

(Im Herzen wissen Sie, dass er
RECHTS steht (Recht hat))
Wahlkampf: 1964,
US-Präsidentschaft.
Kandidat: Barry Goldwater

Keep the Bastards Honest

(Sorgt dafür, dass die
Bastarde ehrlich bleiben)
Wahlkampf: 1980,
australisches Parlament.
Kandidat: Don Chipp

Eine Mandel in jedem Pott

Wahlkampf: 1946,
Stadtpräsidentschaft
von Chur, Schweiz.
Kandidat: Bruno Farber

Rumsey-Rumsey, Dumpsey-Dumpsey, Colonel Johnson Killed Tecumseh

(Rumsey-Rumsey, Dumpsey-
Dumpsey, Colonel Johnson hat
Tecumseh (Häuptling der
Shawnee-Indianer) getötet);
der Kandidat war ein alter
Indianerkämpfer. Wahlkampf: 1836,
US-Präsidentschaft. Kandidat: Col.
Richard Mentor Johnson
(Vizepräsidentschaftskandidat für
Martin van Buren)

SCHLAFMÜTZE AM STEUER
INDONESISCHER PRÄSIDENT DÖST WÄHREND WICHTIGER REDE EIN

Mitte 2000 steckte der indonesische Präsident Abdurrahman Wahid in großen politischen Schwierigkeiten. Die Wirtschaft des Landes stand am Rand des Zusammenbruchs. Etliche Mitglieder von Wahids engster Mannschaft waren in Korruptionsskandale verwickelt. An mehreren Fronten herrschte Bürgerkrieg, und viele seiner eigenen Kabinettsminister forderten offen seinen Rücktritt. Wahid glaubte, mit einer Rede vor der indonesischen Volksversammlung seine Glaubwürdigkeit und seine Präsidentschaft retten zu können. Mit der Ansprache wollte er sich rechtfertigen und Lösungsansätze für die drängenden Probleme aufzeigen, aber vor allem Vertrauen in seine Fähigkeit wecken, diese auch durchzuführen. Unglücklicherweise döste er während seiner eigenen 90 Minuten langen Rede immer wieder ein, einmal sogar unmittelbar, nachdem er gewarnt hatte, der andauernde Krieg zwischen Moslems und Christen drohe die Nation zu zerreißen. Ein Jahr später stimmte die Versammlung einstimmig für seine Amtsenthebung.

Politische Lehre: Nicht während der eigenen Rede einschlafen.

POLITIK KURZ UND BÜNDIG

Der griechische Politiker Demosthenes (384-322 v. Chr.) verfiel als junger Mann auf eine originelle Methode, seine rhetorischen Übungen nicht zu vernachlässigen. Er rasierte sich Kopfhaar und Bart je zur Hälfte ab, damit er gar nicht erst in Versuchung kam, unter die Leute zu gehen. So blieb er wochenlang zuhause, studierte die Werke der großen Redner und übte seine eigenen Ansprachen, bis das Haar wieder nachgewachsen war. Demosthenes entwickelte ein außergewöhnliches rhetorisches Talent, wurde zur führenden politischen Figur Athens und überredete die Stadt zu einem verheerenden Krieg gegen Philipp II. von Makedonien und dessen Sohn Alexander den Großen.

WIE MAN SICH SELBST POLITISCH NEU ERSCHAFFT

Überprüfen Sie Ihr Auftreten.
Halten Sie sich unnachsichtig den Spiegel vor. Bitten Sie vertraute Kollegen und Familienmitglieder, Ihr Aussehen zu bewerten, und werden Sie sich klar über Ihre Stärken und Schwächen. Ihre äußere Erscheinung liefert den Wählern den ersten und dauerhaftesten Eindruck von Ihnen als Person und Politiker. Wenn die Wähler nicht auf Ihre Botschaft ansprechen, könnte es daran liegen, dass Ihr Erscheinungsbild sie ablenkt oder dem Eindruck widerspricht, den Sie vermitteln wollen. Haarschnitt, Garderobe, Gesichtsausdrücke und Körpersprache werden als Maßstab für Ihre Fähigkeit und Eignung genommen.

Neutralisieren Sie negative Aspekte.
Versuchen Sie nicht, jedes Detail Ihrer Erscheinung in einen Aktivposten zu verwandeln, sonst riskieren Sie, durch eine Überkompensation Ihre Schwächen noch mehr hervorzuheben. Lenken Sie lieber von dem ab, was ihnen nun einmal angeboren ist (Größe, Gewicht, Hässlichkeit), und ändern Sie das, was sich ändern lässt.

Entwickeln Sie Ihren Look.
Wählen Sie markante Kleidung, persönliche Details oder Angewohnheiten, die als Grundlage der neuen politischen Persönlichkeit dienen werden, die Sie vermitteln wollen. Übertragen Sie den gewünschten Eindruck in ein modisches Statement: entschlossene Führungsstärke (auffällige, farbenfrohe Accessoires), standfest und zuverlässig (ein nüchterner Haarschnitt), der Macher (hochgerollte Hemdsärmel, zurückgekämmtes Haar) oder der netteste Kandidat von allen (bewusst ungestylt).

Accessoires.
Verwenden Sie unterschiedliche modische Accessoires, um Ihren Basislook den verschiedenen Veranstaltungen und Gegebenheiten Ihrer Auftritte anzupassen. Ein Hut, ein Klemmbrett oder ein Hot Dog können durchaus gute Ergänzungen sein, ohne den Grundeindruck zu ändern.

Vermeiden Sie Trends.

Lassen Sie sich nicht von modischen Trends oder Haarschnitten verführen, auch wenn Sie damit vielleicht kurzfristig bei jüngeren Wählern Erfolg haben. Sie riskieren damit, den Eindruck zu erwecken, dass Sie zu viel Zeit auf Ihr Äußeres verwenden, anstatt sich um lebenswichtige Themen zu kümmern. Verknüpfen Sie Ihre Kandidatur nicht mit einer kurzlebigen Mode, die Ihnen vielleicht gar nicht steht.

Dämpfen Sie Ihre sexuelle Attraktivität.

Attraktivität ist zwar von politischem Vorteil, aber sexy zu sein kann einschüchternd wirken. Der Wähler wünscht sich Kandidaten, die hübsch anzusehen sind, aber nicht zu hübsch.

Dämpfen Sie Ihre sexuelle Anziehungskraft

Imitieren Sie Erfolg.

Wenn Sie nicht sicher sind, welcher Look für Sie der beste ist, studieren Sie das Erscheinungsbild erfolgreicher Kandidaten, die nicht in direkter Konkurrenz zu Ihnen stehen, und kopieren Sie sie.

POLITIK KURZ UND BÜNDIG

Der amerikanische Präsident Andrew Jackson (1865-69), seines Zeichens Schneider von Beruf, verordnete seinen Kabinettsministern von ihm handgeschneiderte Anzüge und bestand darauf, dass sie diese bei offiziellen Anlässen trugen.

PROBLEMKINDER

Wer	Modestatement	Wofür
Mobutu Sese Seko Präsident von Zaire (1965-97)	Leopardenfell-Toque	Die Autorität eines Stammesführers, selbst in einer modernen „Demokratie"
Michael Foot Vorsitzender der Labour Party (1980-83)	Grobe Arbeitsjacke	Die Verbundenheit des Parteivorsitzenden der Labour Party mit der Arbeiterklasse
George IV. König von England (1820-30)	Moderner Anzug und Krawatte	Übergang zu einem funktionelleren Kleidungsstil und einer geschäftsmäßigeren Art des Regierens
Jawaharlal Nehru Indischer Premierminister (1947-64)	Nehru-Jacke	Integration asiatischer und westlicher Kultur
Marie Antoinette Königin von Frankreich (1774-93)	„Pouf"-Turmfrisur, deren Breite und Höhe soziale Überlegenheit versinnbildlicht	Macht und Ansehen, wobei das zusätzliche Haarvolumen Gelegenheit zu allerlei symbolischer Ornamentik mit Bändern und Juwelen bietet
Julius Caesar Römischer Diktator (49-44 v. Chr.)	Robe in kaiserlichem Purpur	Absolute Macht, über die nur das Staatsoberhaupt verfügte
Mike Defensor Leiter des philippinischen Präsidialamts	Pinkfarbene Zahnspange	Die Fähigkeit, gut gelaunt Probleme anzugehen und zu lösen

EINE GARDEROBE, ZUM STERBEN SCHÖN
KIRCHENFÜHRER UND POLITIKER GEHT ZU WEIT UND WILL MODE DIKTIEREN

Ein Mitglied der jungen mormonischen Kirche in Illinois, James Jesse Strang, erklärte sich nach der Ermordung des Kirchengründers Joseph Smith 1844 zu deren Führer. Während der größte Teil von Smiths Schäflein allerdings Brigham Young nach Utah folgte, führte Smith 300 Konvertiten auf eine Insel im nördlichen Lake Michigan, die er in Zion umbenannte. Strang wurde von seinem Premierminister George Adams, einem ehemaligen Shakespeare-Schauspieler, in einer Krönungszeremonie zu König James I. von Zion ernannt. Da Adams die Bedeutung guter Requisiten kannte, lieh er Strang für die Zeremonie Metallkrone, Zepter und Flanellrobe, die er selbst als Macbeth auf der Bühne getragen hatte. Als die Nachricht von Strangs „Königreich" nach Washington drang, ordnete Präsident Millard Fillmore an, ihn wegen Hochverrats zu verhaften. Aber unter dem Eindruck seiner Beredsamkeit und um sich nicht dem Vorwurf religiöser Verfolgung auszusetzen, sprach ein Bundesgericht in Detroit ihn 1853 frei. Die damit verbundene Publicity brachte Strang ein Jahr später einen Sitz im Parlament von Michigan ein, wo er einige Versuche, ihn seines Amtes zu entheben, abblocken konnte und in seiner ersten Wahlperiode fünf Gesetzesvorlagen durchbrachte. Wieder zurück in Zion traf König Jesse eine Reihe von Maßnahmen zur rassischen und geschlechtlichen Gleichberechtigung, richtete Pensionszahlungen für die Alten ein und gründete Naturschutzgebiete. Außerdem befahl er allen weiblichen Untertanen, Miniröcke und Pumphosen zu tragen, was für einige Verstimmung sorgte. Zwei Männer, deren Frauen über Strangs Modediktat besonders empört waren, griffen Strang am 16. Juni 1856 auf einem Dock an. Sie schossen ihn zwei Mal in den Rücken und traten und schlugen dann auf den sterbend am Boden Liegenden ein. Viele von Strangs Untertanen schlossen sich den beiden an, als sie das sahen.

Politische Lehre: Trennen Sie stets Kirche, Staat und Mode

KAPITEL 4

KEIN KOMMENTAR
Skandale und Korruption

EIN VERSCHWUNDENER ZU VIEL
DER ULTIMATIVE VERTUSCHUNGSKÜNSTLER

Wie die meisten Politiker machte sich auch T. J. Ley während seiner Karriere nicht nur Freunde. Aber nur wenigen Politikern gelang es, so viele Feinde unter mysteriösen Umständen loszuwerden, wie dem konservativen Australier. Während seines ersten Wahlkampfs für das australische Repräsentantenhaus legte Leys Gegner von der Labour Partei, Fred McDonald, Beweise dafür vor, dass Ley versucht hatte, ihn durch Bestechung von seiner Kandidatur abzubringen. McDonald erstattete Anzeige, verschwand aber spurlos, bevor der Fall zur Verhandlung kam. Er wurde nie wieder gesehen. Im darauffolgenden Jahr beschwerte sich Hymann Goldstein, Leys Partner in einer neu gegründeten Herbizidfirma, dass Ley das ganze Geld ihrer Investoren für Urlaubsreisen mit seiner Geliebten verprasst hätte. Kurz darauf fand man Goldstein tot am Fuß einer Klippe auf. Als Keith Greendor Goldsteins Tod untersuchen sollte, fiel er aus einem Boot und ertrank. Die Fragen nach der wachsenden Anzahl von Leichen in Leys Kielwasser kosteten ihn die Wiederwahl 1928. Er zog mit seiner Geliebten Maggie Brooke nach England und ließ seine Frau in Australien zurück. Während des Zweiten Weltkriegs wurde Ley wegen Schwarzmarktgeschäften verurteilt. Ungefähr zur selben Zeit begann er, seine Geliebte Maggie zu verdächtigen, eine Affäre mit John McMain zu haben. 1946 entdeckte man McMains Leiche in einer Kalksteingrube, erwürgt und übel zugerichtet. Ley wurde für den Mord an McMain verurteilt, entging aber der Todesstrafe, indem er auf Unzurechnungsfähigkeit plädierte. Er starb 1947 in einer englischen Irrenanstalt, wo er bis zuletzt behauptete, an der Ermordung und dem mysteriösen Verschwinden all seiner Gegner unschuldig zu sein.

Politische Lehre: Versuchen Sie, echte Leichen im Keller zu vermeiden.

WHO'S WHO DER ALLERSCHLIMMSTEN

PTOLEMÄUS VIII.
ALTÄGYPTISCHER SKANDALKÖNIG

Missetaten: Heiratete seine Schwester Kleopatra II. und tötete dann beim Hochzeitsempfang ihren kleinen Sohn in ihren Armen, damit gar nicht erst Zweifel aufkamen, wer der nächste Pharao sein würde ★ Heiratete seine zweite Frau, die Tochter von Kleopatra II., während er mit Kleopatra II. noch verheiratet war ★ Machte sich bei den Bürgern so unbeliebt, dass sie 132 v. Chr. seinen Palast in Brand steckten und ihn zur Flucht nach Zypern zwangen ★ Entführte und ermordete seinen zwölfjährigen Sohn Memphistes, zerstückelte ihn und schickte die Teile in einer Kiste an dessen Mutter Kleopatra II. in Ägypten, aus Rache dafür, dass sie Memphistes zum Pharao erklärt hatte, während Ptolemäus sich in Zypern versteckte ★ Riss die Macht in Ägypten wieder an sich, blutete die wirtschaftlichen und militärischen Ressourcen durch jahrzehntelange Bürgerkriege, Machtkämpfe, weitere Skandale und Inkompetenz derart aus, dass die Römer, als sie nach seinem Tod das Land übernahmen, Mühe beim Wiederaufbau hatten ★ Versuchte, durch seine Elefanten eine jüdische Menschenmenge in Alexandria niedertrampeln zu lassen, musste aber erleben, dass die Elefanten kehrtmachten und auf ihn und seine Männer losstürmten

Geboren: 182 v. Chr.
Gestorben: 116 v. Chr.
Spitzname: „Die Wölfin"
Ausbildung: Obwohl er sich von seinen Untertanen Euergetes nennen ließ (was soviel heißt wie „Der Mildtätige"), nannten ihn die meisten bloß Physcon (was soviel bedeutet wie „Dickwanst")
Zitat: „Durch übermäßigen Luxus ist sein Leib durch Fett verunstaltet und er trägt einen so gewaltigen Bauch, dass es schwer wäre, ihn mit beiden Armen zu umspannen." – Athenäus, altägyptischer Historiker

VERTUSCHUNGSMANÖVER, DIE MEHR SCHADEN ANRICHTETEN ALS DER SKANDAL, DEN SIE VERTUSCHEN SOLLTEN

Name	Wo und wann	Skandal
Die Dreyfus-Affäre	Frankreich (1890er Jahre)	Alfred Dreyfus, ein jüdischer Offizier in der französischen Armee, wurde fälschlich wegen Hochverrats verurteilt und auf die Teufelsinsel verbannt
Der kubanische Diplomatengepäck-Skandal	Chile (1972)	Kuba sandte heimlich im Diplomatengepäck, das vom Zoll nicht geöffnet werden durfte, Waffen an Chiles sozialistischen Präsidenten Allende
Watergate	USA (1972-74)	Eine Gruppe von Männern, die für die republikanische Partei die Schmutzarbeit erledigte, brach 1972 ins Hauptquartier der Demokraten in Washington DC ein, um Abhörgeräte zu installieren, wurde dabei aber von der Polizei überrascht
Irak-Gate	Finnland (2003)	Nach der Wahl wurde bekannt, dass die finnische Premierministerin Anneli Jäätteenmäki Informationen aus geheimen Regierungsdokumenten benutzt hatte, um Premierminister Paavo Lipponen bei der Wahl zu schaden
SARS-Ausbruch	China (2003)	Im Februar 2003 erreichten erste Berichte von einem Ausbruch der tödlichen SARS-Krankheit (Schweres Akutes Atemwegssyndrom) die chinesische Regierung, einschließlich eines Falls in der Hauptstadt Peking
Der Mark-Foley-Pagenskandal	Vereinigte Staaten (2006)	Das Auftauchen sexuell eindeutiger Emails des republikanischen Abgeordneten Mark Foley an verschiedene Teenager, die im Kongress als Pagen arbeiten

Vertuschungsmanöver	Resultat
Die französische Regierung unterdrückte Hinweise auf antisemitische Motive hinter Dreyfus' Anklage und dem einseitigen Verfahren, die erst später der berühmte französische Schriftsteller Emile Zola und andere aufdeckten	Berichte über die Affäre spalteten das Land in zwei Lager – und die aufgerissenen Gräben schlossen sich auch nach Dreyfus' Begnadigung 1899 nicht wieder
Als es Berichte über eine besonders große Ladung gab, lieferte Allende widersprüchliche Erklärungen über den Inhalt, die von Zigaretten bis zu Bildern für eine kubanische Kunstausstellung reichten	Allendes Lavieren verstärkte die Zweifel an seiner Integrität und seinem Verhältnis zu dem Kommunisten Castro, was die rechtslastige Armeeführung um Augusto Pinochet im folgenden Jahr zum Putsch ermutigte
Präsident Nixon wies seine Berater an, die Ermittlungen zu behindern und die Verbindung zu seiner Wahlkampfzentrale zu vertuschen	Das gesamte Ausmaß der Verschwörung trat erst nach und nach zutage und führte 1974 dazu, dass im Kongress ein Amtsenthebungsverfahren gegen Nixon wegen Behinderung der Justiz gefordert wurde, dem dieser mit seinem Rücktritt zuvorkam
Jäätteenmäki bestritt vehement, die Informationsquelle zu kennen, und behauptete, jemand habe ihr die Dokumente ungefragt und anonym zugefaxt	Als unwiderlegbare Beweise dafür auftauchten, dass Jäätteenmäki die Dokumente selbst angefordert hatte und log, musste sie nach nur einem Monat im Amt zurücktreten
Der Bürgermeister von Peking, Meng Xuenong, und Gesundheitsminister Zhang Wenkang ließen angeblich SARS-Patienten von einem Krankenhaus ins andere schaffen, damit niemand bemerkte, dass ein ernsthafter Ausbruch vorlag	Durch die ständige Verlegung der Patienten breitete sich die Krankheit aus, führte zu noch mehr Todesfällen und der Entlassung von Xuenong und Wenkang. Viele glauben allerdings, sie wären nur die Sündenböcke für ein viel umfangreicheres Vertuschungsmanöver der Regierung gewesen
Die republikanischen Führer versäumten es, disziplinarische Maßnahmen zu ergreifen, als sie von Foleys Verhalten erfuhren	Weniger als sechs Wochen vor den Wahlen 2006 bekamen die Medien Wind von der Sache, und der Skandal und seine Vertuschung halfen den Demokraten, die Mehrheit im Kongress zu gewinnen

NICHT NUR SPIEL UND SPASS
BINGO-GATE ERSCHÜTTERT DIE POLITISCHE WELT KANADAS

Um in den 1990er Jahren ihr Budget aufzustocken, veranstaltete die regierende Neue Demokratische Partei (NDP) betrügerische Bingospiele. Während die Erlöse angeblich örtlichen Wohlfahrtsverbänden zugutekommen sollten, wurden tatsächlich über 2,5 Millionen kanadische Dollar aus den Teilnahmegebühren abgezweigt und landeten über die Nainamo Commonwealth Holding Society in den NDP-Kassen. Der Premier von British Columbia und Vorsitzende der NDP, Michael Harcourt, stolperte über den Skandal. Obwohl er nicht direkt in Bingo-Gate verwickelt war, übernahm er als Parteichef die Verantwortung für das Fiasko. Der NDP-Kabinettsminister Dave Stupich trat als Drahtzieher des Betrugs zurück. Wegen seiner schwachen Gesundheit und einer beginnenden Demenzerkrankung erhielt der 77jährige 1999 zwar eine zweijährige Haftstrafe, durfte sie aber als Hausarrest verbringen. Die Bingo-Gate-Affäre konnte nie vollständig aufgeklärt werden, und 2001 gaben die Ermittler endgültig auf – zu komplex war das Netz der finanziellen Transaktionen, das Stupich, ein ehemaliger Buchhalter, gewoben hatte.

Politische Lehre: Unwissenheit schützt nicht immer vor Konsequenzen.

POLITIK KURZ UND BÜNDIG

Besorgt darüber, dass die Gewohnheit seines sicherheitspolitischen Beraters, sich in der Öffentlichkeit mit schönen jungen Frauen zu umgeben, in einen Sexskandal münden könnte, wies US-Präsident Richard Nixon 1970 Henry Kissinger an, ältere und weniger attraktive Begleiterinnen zu öffentlichen Veranstaltungen ins Weiße Haus mitzubringen.

WHO'S WHO DER ALLERSCHLIMMSTEN

CHINESISCHE KULTURREVOLUTION
REGIERUNGSPROGRAMM

Missetaten: Entfesselung der „Roten Garden", einer Kulturarmee aus Tausenden von jungen Leuten und Arbeitern, die die chinesische Bevölkerung im Sinne des Marxismus-Maoismus umerziehen sollte, während sie gleichzeitig kulturelle und intellektuelle „Relikte" der Vergangenheit eliminierte ★ Zerstörung zahlloser Kunstwerke, Antiquitäten, Bücher und Baudenkmäler ★ Führte ideologische Säuberungen in der Kommunistischen Partei Chinas durch, in der Regierung, unter den Bürgern und sogar in rivalisierenden Fraktionen der Garden selbst, denunzierte Millionen als Klassenfeinde, die dadurch zu Opfern öffentlicher Demütigung, von Zwangsarbeit und Exekutionen wurden ★ Stürzte das Land ins Chaos, bremste die wirtschaftliche Entwicklung und warf das Bildungssystem zurück, immer im Dienst interner politischer Machtkämpfe, die auf dem Rücken der breiten Bevölkerung ausgetragen wurden ★ Trug Mao Tse-Tungs Personenkult in alle Ebenen der chinesischen Gesellschaft hinein ★ Vertuschte den Fehlschlag des desaströsen Kollektivierungsprogramms der KP („Der große Sprung nach vorn"), das zu Hungersnöten und dem Tod von 30 Millionen Menschen führte

Geboren: 26. Dezember 1893
Gestorben: 9. September 1976
Spitzname: Die Große Proletarische Kulturrevolution
Zitat: „Eine Revolution ist kein Gastmahl, kein Aufsatzschreiben, kein Bildermalen oder Deckchensticken; sie kann nicht so fein, so gemächlich und zartfühlend, so maßvoll, gesittet, höflich, zurückhaltend und großherzig durchgeführt werden." – Mao Tse-Tung

WIE MAN EINEN SEXSKANDAL ÜBERSTEHT

Die Familie mobilisieren.
Versammeln Sie Ehegattin, Kinder und alle verfügbaren Familienmitglieder zu einem Fototermin, bei dem sie sich stolz und vertrauensvoll um Sie scharen. Laden Sie die Presse ein, Sie beim Familienpicknick oder einem Volleyballspiel zu filmen. Präsentieren Sie sich als gestandener Familienmensch, dessen Angehörige weiterhin hinter ihm stehen.

Schnell reagieren.
Sollten Sie eine sexuelle Dummheit begangen haben, die sich beweisen lässt, entschuldigen Sie sich und sagen Sie, dass Sie Ihre Familie um Verzeihung gebeten und diese auch erhalten haben. Anschließend bitten Sie die Wähler um Vergebung. Wenn die Vorwürfe erfunden sind – oder wenigstens nicht beweisbar –, bestreiten Sie sie in aller Entschiedenheit und Öffentlichkeit, und fordern Sie die Medien auf, Ihr Privatleben und das Ihrer Familie zu respektieren.

Nicht lügen.
Falsche Angaben könnten dazu führen, dass man Ihnen bei ganz anderen Dingen auf die Schliche kommt.

Nicht stehen bleiben.
Werden Sie von Reportern bedrängt, sich zu dem Skandal zu äußern, antworten Sie, dass Sie sich lieber mit Themen beschäftigen, die für den Alltag Ihrer Wähler relevant sind, als mit Ihrem Privatleben. Laden Sie die Presse ein, Sie bei der Arbeit zu begleiten, zum Beispiel im Gespräch mit Wählern oder beim Unterzeichnen von Gesetzen. Präsentieren Sie sich als jemand, der so in seiner Arbeit aufgeht, dass eine persönliche Krise ihn nicht davon abhalten kann, sich um die wirklich entscheidenden Fragen zu kümmern.

Zeigen Sie sich nur im trauten Familienkreis.

Die Stadt verlassen.

Lässt der Skandal Sie nicht aus den Klauen, verreisen Sie in Amtsgeschäften. Lassen Sie dabei keine Reporter zu und geben Sie keine Pressekonferenzen. Seien Sie sichtbar und scheinbar unbesorgt, aber nicht zitierbar. Wenn Sie den Reportern den Zugang kappen, könnte die Story im Sand verlaufen.

Retten Sie sich in eine Klinik.

Wenn der Wirbel um den Skandal sich partout nicht legt, erklären Sie, ein Problem mit Alkohol- oder Medikamentenabhängigkeit zu haben. Dann weisen Sie sich in eine sichere und abgelegene Entzugsklinik ein.

Bitten Sie um Vergebung.

Wenn Sie die Entzugsklinik wieder verlassen, erklären Sie, dass Sie jetzt geheilt und ein viel besserer Mensch seien, der es kaum erwarten kann, die Arbeit für seine Wähler wieder aufzunehmen. Bitten Sie nochmals um Verzeihung und schwören Sie, dass sie jetzt noch härter arbeiten werden.

Den Krieg erklären.

Haben sich die Wogen jetzt immer noch nicht geglättet, proklamieren Sie eine kühne neue Initiative, erklären Sie zum Beispiel dem Verbrechen den Krieg, oder, wenn sie dazu in der Lage sind, einem kleinen fremden Staat.

ÜBERTRIEBEN
KÖNIGLICHE KRIEGSHERRIN NACH HEIRAT MIT FILMSTAR ENTTHRONT

Olive Yang war Prinzessin in Männerkleidern, Militärführerin und geniale Unternehmerin zugleich. Sie wurde 1927 als älteste Tochter der königlichen Shan-Familie geboren, eines chinesischen Clans, der große Teile Burmas beherrschte. Bei ihren Mitschülern war Yang als „Fräulein Haarige Beine" bekannt, und sie trug eine Pistole in der Schultasche, die sie zusammen mit ihrem königlichen Rang und ihrem ausgesprochen einnehmendem Wesen benutzte, um unter den anderen Kindern mit eiserner Faust zu regieren. Schon als Teenager entwickelte sie das unternehmerische Genie, welches es ihr später ermöglichte, den Opiumhandel im „Goldenen Dreieck", seit dem Zweiten Weltkrieg Zentrum der weltweiten Opiumproduktion, an sich zu reißen. In einer grauen selbstentworfenen Militäruniform und mit einer belgischen Pistole an jeder Hüfte stellte sie eine Privatarmee zusammen und kommandierte im Alter von 19 Jahren bereits tausend Soldaten, die als „Olives Jungs" bekannt wurden. Mit Waffengewalt überredete sie Opiumbauern im Hochland dazu die Produktivität zu steigern, und übernahm die Kontrolle über den Transport der Drogen ins Flachland. Sie nutzte ihre politischen Verbindungen und immer besser werdende Beziehungen zur CIA, um das Opium über die Grenze nach Thailand zu schmuggeln. Ihre riesigen Profite gestatteten es Yang, militärische Stärke und politische Macht immer weiter auszubauen. Sie ermutigten sie auch, sich endlich offen zu ihrer lesbischen Neigung zu bekennen. Für Yangs königliche Familie, die ihr brutales Drogenimperium geflissentlich übersehen hatte, brachte diese nunmehr offen ausgelebte Sexualität das Fass zum Überlaufen. Als Olive Yang die Hochzeit mit ihrer Freundin bekannt gab – Burmas führender Filmschauspielerin Wa Wa Win Shwe –, ließ ihr Bruder sie festnehmen und in eine Irrenanstalt einweisen. Ihrer Militärmacht, des finanziellen Rückhalts und der Aura der Unbesiegbarkeit beraubt, kam Olive Yang nach mehreren Jahren wieder frei und entschied, ihr Leben als Nonne zu beschließen.

Politische Lehre: Kennen Sie Ihre Grenzen.

SEXSKANDALE

Politiker	partner	Skandal
Domitian Römischer Kaiser (51-96)	Vestalische Jungfrauen	Domitian, selbst kein Feind der Perversion, beschuldigte die Vestalinnen unmoralischen sexuellen Verhaltens
Arthur Brown US-Senator aus Utah (1896-97)	Anna Maddison Bradley	Der verheiratete Brown unterhielt eine langjährige Affäre mit Anna Bradley
Margaret Trudeau First Lady von Kanada (1971-77)	Mit zahlreichen Männern in Verbindung gebracht, beispielsweise US-Senator Ted Kennedy und Rolling Stones-Gitarrist Ron Wood	Margaret kam Mitte der 70er Jahre regelmäßig in die Schlagzeilen und wurde oft in angesagten Nachtklubs fotografiert, wo sie mit anderen Männern einen draufmachte
James Buchanan jr. US-Präsident (1857-61)	William Rufus King	Buchanan, ein ewiger Junggeselle, lebte 15 Jahre lang mit seinem „engen Freund" William Rufus King, einem Senator aus Alabama, zusammen
Charles Stewart Parnell Führer der Irischen Parlamentarischen Partei und im späten 19. Jahrhundert „ungekrönter König von Irland"	Kitty O'Shea	Parnell ließ sich auf eine langjährige Affäre mit O'Shea ein, die mit einem anderen Mann verheiratet war
Chu Mei-feng Stadträtin von Taipeh City (1994-98)	Unbekannter verheirateter Mann	Ein heimlich aufgenommenes Überwachungsvideo aus Chus Apartment, das den Medien zugespielt wurde, zeigte das Stelldichein zwischen ihr und einem verheirateten Geschäftsmann

MANCHMAL HILFT SOGAR DIE WAHRHEIT
US-PRÄSIDENT GIBT AFFÄRE ZU UND GEWINNT DIE WAHL

Als im Frühjahr 1884 während des Präsidentschaftswahlkampfs Gerüchte laut wurden, dass der demokratische Kandidat Grover Cleveland ein Jahrzehnt zuvor ein uneheliches Kind gezeugt hätte, waren die Republikaner zuversichtlich, mit einem Erdrutschsieg ins Weiße Haus einzuziehen. Bei ihren Wahlkampfveranstaltungen machten sie sich über Cleveland mit dem Sprechchor lustig: „Mama, Mama, wo ist mein Papa? Ins Weiße Haus gezogen, hahaha!" Anstatt das Gerücht zu dementieren, sagte Cleveland die Wahrheit. Zu Anfang seiner Karriere als Anwalt hatte er sich kurz mit der Mutter des Jungen, Maria Halpin, eingelassen, die aber mehrere Techtelmechtel gleichzeitig hatte, eines davon mit Clevelands Partner in der Kanzlei. Cleveland glaubte nie, dass er der Vater des Jungen sei. Aber da alle anderen Liebhaber verheiratet waren und sich kaum zu dem Jungen bekennen würden, stimmte Cleveland zu, die Vaterschaft anzuerkennen und seine Erziehung und Ausbildung zu bezahlen. Nachdem die ganze Geschichte herausgekommen war, stieg Clevelands Popularität sogar noch an. Er schlug den republikanischen Kandidaten James G. Blaine im Rennen um das Weiße Haus um Längen.

Politische Lehre: Man weiß nie, wie die Öffentlichkeit reagiert.

POLITIK KURZ UND BÜNDIG

Während eines Staatsbanketts auf einer diplomatischen Mission in Japan 1992 übergab sich George H. W. Bush sr. auf die Hose des japanischen Premierministers Kiichi Miyazawa und fiel dann in dessen Schoß in Ohnmacht. Bush schob seine Übelkeit auf eine Bauchgrippe.

POLITISCHES ASYL
US-POLITIKER, DIE WÄHREND EINES SKANDALS IN DIE KLINIK GINGEN

Politiker	Problem	Lösung
Jon C. Hinson US-Abgeordneter aus Mississippi (1978-81)	Wurde 1976 verhaftet, als er sich auf dem Nationalfriedhof in Arlington vor einer vermeintlichen Prostituierten unsittlich entblößte, die sich als Undercover-Polizistin entpuppte	Behauptete, sich nicht aus sexuellen Gründen entblößt zu haben, sondern lediglich betrunken gewesen zu sein, und ging in eine Entzugsklinik
Bob Baumann US-Abgeordneter aus Maryland (1973-80)	Als lautstarker Verfechter familiärer Werte wurde Baumann in Washington DC erwischt, wie er mit einem 16jährigen Jungen Sex auf dem Rücksitz seines Wagens hatte	Führte den Vorfall auf „akuten Alkoholismus" zurück und ging in die Entzugsklinik
Bob Packwood US-Senator aus Oregon (1968-95)	1994 bezichtigten zehn Frauen, die während seiner Senatszeit für Packwood gearbeitet hatten, ihn des sexuellen Missbrauchs	Entschuldigte sich, machte eine schwere Kindheit und seinen Alkoholismus für die sexuellen Übergriffe verantwortlich, und ging in eine Entzugsklinik
Bob Ney US-Abgeordneter aus Ohio (1995-2006)	2006 verurteilt, wegen Meineids und weil er mit dem berüchtigten Lobbyisten Jack Abramoff legislative Vergünstigungen gegen Geschenke ausgetauscht hatte	Gestand seine Verbrechen, machte aber den Alkoholismus dafür verantwortlich, und ging in eine private Drogenklinik
Patrick Kennedy US-Abgeordneter aus Rhode-Island (1994-)	Krachte spätnachts mit dem Auto in eine Straßensperre in Washington DC	Behauptete, der Unfall sei auf seine Abhängigkeit von verschreibungspflichtigen Schmerzmitteln zurück zu führen, und ging in die Entzugsabteilung der Mayo-Klinik in Minnesota
Thomas Ravenel Finanzminister von South Carolina (2006/07)	Im Juni 2007 als Kokainhändler angeklagt	Behauptete, das Kokain nur zum privaten Verbrauch gekauft zu haben, und verbrachte je einen Monat in Entzugskliniken in Neumexiko und Arizona, um an Verhaltensauffälligkeiten zu arbeiten, die er auf seine Kindheit zurückführte

DIE KLINISCHE LÖSUNG
MÄCHTIGER KONGRESSABGEORDNETER VERPFUSCHT KARRIERE, WIRD ABER ZUM PIONIER EINER NEUEN ÜBERLEBENSSTRATEGIE

Am 7. Oktober 1974 kurz nach Mitternacht winkte die United States Park Police in Washington DC den Wagen des altgedienten Kongressabgeordneten Wilbur Mills an den Straßenrand, weil dessen Fahrer vergessen hatte, das Licht einzuschalten. Mills saß auf dem Rücksitz mit Fanne Foxe, einer Erotiktänzerin, die auf der Bühne als „Der argentinische Knallfrosch" auftrat. Beide waren betrunken, und Mills blutete von einem Schlag, den ihm Foxe gerade verpasst hatte. Als die Polizei sich dem Wagen näherte, flüchtete die Foxe ins Tidal Basin, einen seichten Wasserarm neben dem Potomac River, durch den sie schwimmend zu entkommen versuchte. Praktisch jeder Dollar, den die US-Regierung ausgab, ging durch die Hände von Mills, dem Vorsitzenden des Haushaltsausschusses. Vielen galt der Kongressabgeordnete in seiner 17. Amtsperiode als die mächtigste und einflussreichste Figur Washingtons. Trotz der öffentlichen Demütigung wegen der Foxe-Affäre wurde Mills wenige Wochen danach problemlos im Amt bestätigt. Einen Monat später reiste er nach Boston, wo Foxe mittlerweile im Pilgrim Theater, einem Varieté im Rotlichtbezirk, als „Die Sexbombe vom Tidal Basin" auftrat. Mills ging zu ihr auf die Bühne, wo sie dem Publikum ihren „Mr. Mills" vorstellte und ihm einen Kuss auf die Wange drückte. Mills berief sich auf übermäßigen Alkoholgenuss und begab sich in eine Entzugsklinik in Florida. Als er einen Monat später wieder herauskam, bestanden seine Kongresskollegen darauf, dass er als Vorsitzender des Haushaltsausschusses zurücktrat. Er blieb zwar noch zwei Jahre Abgeordneter, verzichtete aber auf eine Wiederwahl. Im Ruhestand sammelte Mills Geld für Drogenkliniken und durfte miterleben, wie sie zum bevorzugten Refugium für US-Politiker wurden, die einen Skandal aussitzen wollten.

Politische Lehre: Den Pionieren ergeht es meistens schlechter als denen, die in ihre Fußstapfen treten.

WIE MAN EINEN WÜTENDEN MOB MANIPULIERT

Suchen Sie sich einen erhöhten Standpunkt.
Suchen Sie sich eine Stelle, von der aus Sie auf die Hauptmasse des Mobs herab blicken und wo alle Anwesenden Sie sehen können – und hören. Benutzen Sie ein Megaphon oder ein Mikrofon, wenn die Menge zu groß ist, um Ihr Gebrüll zu verstehen.

Lassen Sie sich nicht einschüchtern.
Der Mob kann Sie höchstwahrscheinlich in Stücke reißen, wenn er das möchte, also hilft es Ihnen auch nichts, sich darüber aufzuregen. Bleiben Sie ruhig.

Betrachten Sie den Mob als einzelnen Organismus.
Formulieren Sie Ihre Worte so, als würden Sie sich mit einer einzelnen sehr wütenden Person auseinandersetzen. Überlegen Sie sich, warum diese Person so zornig ist.

Gewinnen Sie die Aufmerksamkeit des Mobs.
Tun oder sagen Sie etwas Theatralisches, damit jeder Sie ansieht – und darauf wartet, was Sie als nächstes tun werden. Zerschmettern Sie eine Statue mit einem Vorschlaghammer oder feuern Sie eine Pistole ab. Ihre Geste sollte aber nicht derart dramatisch sein, dass der Mob durchdreht und zum Angriff übergeht.

Schmeicheln Sie dem Ego des Mobs.
Loben Sie den Mob dafür, dass er sich versammelt hat. Verknüpfen Sie die Zusammenrottung mit dem Wunsch, traditionelle Werte zu verteidigen, die uns allen lieb und teuer sind. Bringen Sie die Leute dazu, wie eine einzelne Person zu denken, damit sie auch wie eine einzelne Person handeln.

Beschwören Sie Symbole der Einigkeit herauf, zum Beispiel die Fußball-Nationalmannschaft.

Nutzen Sie populäre Symbole.
Bedienen Sie sich visueller Hilfsmittel, z. B. der Landesflagge, mit der sich leicht ein traditioneller Wert symbolisieren lässt. Nehmen Sie ein anderes Objekt als Bedrohung. Schwenken Sie die Flagge und preisen Sie die Werte, für die sie steht, dann halten Sie eine brennende Fackel daran und identifizieren Sie sie mit der Gefährdung dieser Werte. Wenn keine physischen Objekte zur Verfügung stehen, bedienen Sie sich anderer Symbole der Einigkeit, zum Beispiel der Fußball-Nationalmannschaft.

Zeigen Sie mit dem Finger auf Ihre Gegner.
Identifizieren Sie erst die Krise, derentwegen der Mob sich zusammengerottet hat, dann präsentieren Sie Ihre politischen Hauptrivalen als ihren Hauptverursacher. Klagen Sie sie dafür an, dass sie die Krise durch ihre schamlose Missachtung der traditionellen Werte ausgelöst haben, welche sie vorher beschworen haben. Bringen Sie den Mob dazu, Ihren Feind als den eigenen Feind anzusehen.

Bieten Sie eine Lösung an.
Kanalisieren Sie den Zorn und die Energie der Menge in einer einzelnen Aktion zur Verteidigung des gefährdeten Wertes, die sich gegen ihre politischen Rivalen richtet. Rufen Sie dazu auf, endlich die Halunken aus dem Amt zu wählen, die diese Krise ausgelöst haben, oder, wenn keine Wahl direkt bevorsteht, zu einer größeren Demonstration in der nächsten Woche.

Finden Sie das passende Schlagwort.
Reduzieren sie das Thema auf ein einfaches Schlagwort – „Die Zukunft gehört uns" oder „All you need is love". Bringen Sie den Mob dazu, Sprechchöre daraus zu bilden, während Sie die Leute auf den Weg schicken, um die Lösung durchzuführen, die Sie gerade vorgeschlagen haben.

DAS POLITISCHE KÖNIGREICH DER TIERE
MASKOTTCHEN POLITISCHER PARTEIEN

Krabbe
Union der Bevölkerung,
Kamerun

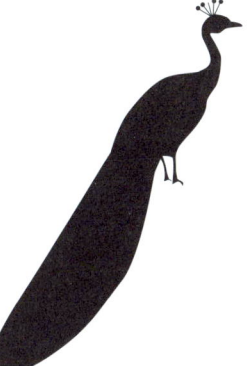

**Tritonshorn
(Meeresschnecke)**
Biju Janata Dal,
Indien

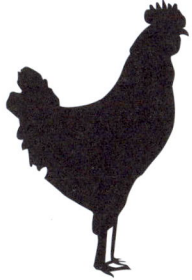

Pfau
Nationale Liga für
Demokratie,
Burma

Hahn
Revolutionäre
Linksbewegung,
Bolivien

Eichhörnchen
Reformpartei,
Estland

Biber
Demokratische Partei,
Kanada

WIE DAS BLATT SICH WENDEN KANN
US-KONGRESSABGEORDNETER ERNTET ERST BEIFALL FÜR EINEN MORD, DANN HOHN UND SPOTT FÜR SEINE VERSÖHNLICHKEIT

Dan Sickles, ein korrupter und unangenehmer Veteran aus der New Yorker Tammany-Hall-Parteizentrale, wurde 1857 für Manhattan ins US-Repräsentantenhaus gewählt. In Washington stürzte sich Sickles, der einmal eine Prostituierte als Begleiterin zu einer Audienz bei Englands Queen Victoria mitgenommen hatte, in die eher anrüchigen Seiten des Soziallebens der Hauptstadt. 1858 hörte er gerüchteweise, dass seine junge Ehefrau Teresa seinem Vorbild folgte und eine Affäre mit dem Anwalt Philip Key angefangen hätte. Eines Nachmittags sah Sickles, wie Key vor seinem Haus seiner Frau mit dem Taschentuch zuwinkte. Er stellte Key zur Rede und schoss ihn dann vor Dutzenden von Augenzeugen über den Haufen, wobei er den dritten, tödlichen Schuss abfeuerte, als Key schon auf dem Boden lag und um sein Leben flehte. Die Mordverhandlung wurde zum Medienspektakel. Sickles Anwalt Edwin Stanton plädierte auf vorübergehende Unzurechnungsfähigkeit – es war das erste Mal, dass jemand diese Argumentation vor Gericht vorbrachte. Sickles wurde freigesprochen. Er kehrte in den Kongress zurück und stellte fest, dass er sowohl für seine Kollegen als auch für die Öffentlichkeit zum Helden geworden war, weil er seine Ehre so mannhaft verteidigt hatte. Eine große politische Karriere schien vor ihm zu liegen, man sprach bereits von einem Senatsposten oder der Präsidentschaftskandidatur. Aber dann verzieh Sickles seiner Frau Teresa und versöhnte sich mit ihr. Seine Kollegen im Kongress schnitten ihn plötzlich, und die Wähler zuhause riefen nach seinem Rücktritt. Die demokratische Partei stellte ihn nicht wieder auf, und Sickles kehrte 1861 nach Ablauf der Wahlperiode nach New York zurück.

Politische Lehre: Vergebung wird nicht immer verziehen.

WIE MAN EIN FANTASIEPROJEKT TARNT

Verstecken Sie es in einem Ausgabenpaket.
Ein 5-Millionen-Dollar-Fantasieprojekt fällt weniger auf, wenn es sich in einem 20 Milliarden schweren Ausgabenpaket verbirgt. Verstecken Sie Ihr Fantasieprojekt in großen Haushaltsvorschlägen.

Timing ist alles.
Führen Sie Ihr Fantasieprojekt so spät wie möglich in den Gesetzgebungsprozess ein. Hängen Sie es erst in letzter Sekunde an eine bereits ausführlich besprochene und durch die Medien gegangene Gesetzesvorlage an, die mit Sicherheit angenommen werden wird.

Tun Sie sich mit einem Rivalen zusammen.
Versichern Sie sich der Unterstützung und des stillschweigenden Einverständnisses eines gegnerischen Abgeordneten, indem Sie ihn bitten, das Projekt mit einzubringen. Sollte er zögern, bieten Sie ihm an, im Gegenzug eines seiner eigenen Fantasieprojekte zu unterstützen.

Agieren Sie über den Kopf Ihres Rivalen hinweg.
Sollte Ihr politischer Gegner seine Hilfe verweigern, drehen Sie die Details Ihres Fantasieprojekts so hin, dass es einem der großen Spender Ihres Gegners zugutekommt. Dann ist er gezwungen, es zu unterstützen, oder andernfalls die Unterstützung der Leute zu verlieren, die davon profitieren. So können Sie gar nicht verlieren.

Geben Sie dem Projekt einen wohlklingenden Namen, der es ihren Gegnern schwer macht, dagegen zu opponieren.

Koppeln Sie das Projekt an ein öffentliches Anliegen.

Entwickeln Sie Ihr Fantasieprojekt so, dass es tiefsitzende Ängste der Öffentlichkeit besänftigt. Wenn Ihr Projekt vorgibt, in Kriegszeiten Sicherheitsinteressen zu fördern oder in einer wirtschaftlichen Rezession Arbeitsplätze zu schaffen, werden die Menschen dahinterstehen, und vermutlich wagt niemand Widerspruch.

Arbeiten Sie die Vorzüge heraus.

Sorgen Sie dafür, dass von Ihrem Fantasieprojekt ein großer und mächtiger Teil Ihrer Wählerschaft profitiert. Holen Sie die Führungsetagen der großen Interessengruppen an Bord, indem Sie ihnen demonstrieren, wie sie ganz persönlich profitieren werden.

Erfinden Sie einen hübschen Titel.

Taufen Sie Ihr Projekt auf einen Namen, der nach traditionellen Werten und Zielen geradezu stinkt und bei einem Großteil der Bevölkerung gut ankommt. Bei einem Titel wie „Initiative für Konsumentensicherheit" oder „Gesetz zur Wirtschaftsförderung im ländlichen Raum" werden Ihre Gegner lieber zweimal nachdenken, bevor sie sich dagegen aussprechen.

Schaffen Sie eine Ablenkung.

Irritieren Sie einen Gegner, der Ihr Fantasieprojekt als solches beim Namen nennen könnte, dadurch, dass Sie eine Kontroverse um ihn schüren. Platzieren Sie in der Blogosphäre Geschichten über seine angeblichen persönlichen Entgleisungen. Setzen Sie Journalisten auf umstrittene Wahlkampfspenden an. Starten Sie eine Email-Kampagne, in der Sie seine Beziehung zu einem Lobbyisten als fragwürdig darstellen. Die Kontroverse wird vermutlich seine Glaubwürdigkeit vorübergehend unterminieren und seine Aufmerksamkeit und Ressourcen so in Anspruch nehmen, dass er wenig Widerstand gegen Ihr Fantasieprojekt leisten kann.

VER-DAMMT EINFALLSREICH
GEWALTIGES REGIERUNGSPROJEKT ZUR VERÄNDERUNG DES WASSERHAUSHALTS IN NORDAMERIKA

Die „North American Water and Power Alliance" (NAWAPA), 1964 von einem privaten Ingenieurbüro in Kalifornien ausgetüftelt, beabsichtigte, eine Reihe von Dämmen, Stauseen und Kanälen durch drei Nationen und über Tausende von Kilometern unterschiedlichster Landschaften zu errichten. Dieses Netzwerk künstlicher Flüsse und Seen sollte über 113 Milliarden Liter Wasser jährlich von Nordwestkanada in die Vereinigten Staaten und nach Mexiko umleiten. Trotz geschätzter Baukosten von einer Milliarde Dollar und dreißigjähriger Bauzeit wurde NAWAPA anfangs enthusiastisch begrüßt. 1965 jubelte das Magazin Newsweek über „das größte, das kolossalste, umwerfendste, überlebensgrößte öffentliche Bauprojekt der Geschichte". Viele Politiker in den USA unterstützten den Plan und leisteten offen Lobbyarbeit dafür. Aber dann mehrten sich die Bedenken, NAWAPA könnte ein unkalkulierbares und fast unvorstellbares Risiko für das natürliche Ökosystem des Kontinents darstellen. 1966, nachdem eine internationale Kommission den Plan begutachtet hatte, nannte deren Chef, General A. G. L. McNaughton, NAWAPA „ein monströses Konzept – eine diabolische These". In den späten 1960er Jahren verschwand der Plan in der Versenkung. Doch die Nafta und das WTO-Handelsabkommen der frühen 1990er Jahre machten Wasser zu einem Handelsartikel, der unbehindert von Umweltgesetzen und -vorschriften über internationale Staatsgrenzen befördert werden darf. Wegen der Wasserknappheit, die in den westlichen Vereinigten Staaten durch das starke Bevölkerungswachstum entstanden ist, befassen sich einige Politiker wieder mit dem Plan.

Politische Lehre: Die Zeiten ändern sich.

SELBSTBEDIENUNG AN DEN POLITISCHEN FLEISCHTÖPFEN

Programm	Kosten	Zweck	Ergebnis
Die Schnellfähren-Flotte British Columbia in Kanada	500 Millionen Dollar	Schnellere und zuverlässigere Beförderung von Personen und ihren Autos zwischen Vancouver und Vancouver Island möglich als mit der bisherigen Flotte	Die neuen Fähren erwiesen sich als langsamer, unbequemer und außerdem unzuverlässiger und kenteranfällig, woraufhin sie nach wenigen Jahren ausgemustert und für weniger als fünf Prozent der Anschaffungskosten wieder verkauft wurden
Einführung der Riesenkröten Queensland, Australien	Milliarden australische Dollar, Tendenz steigend	Ausrottung eines Zuckerrohrschädlings, der in den 1930er Jahren stellenweise ein Problem war	Die Kröten fraßen alles nieder, was ihnen in die Quere kam (mit Ausnahme des betreffenden Zuckerrohrschädlings), und breiteten sich schnell über die gesamte Ostküste aus, wo sie zahlreiche harmlose einheimische Arten auslöschten und Schaden in Milliardenhöhe anrichteten
Atomkraftwerk Bataan, Philippinen	2,3 Milliarden Dollar	Schaffung einer alternativen Energiequelle für die Philippinen	Das Kraftwerk erzeugte nicht ein einziges Watt Strom, aber der Steuerzahler hatte noch Jahrzehnte lang an Baukosten und Schuldentilgung zu tragen
Teton-Staudamm Snake River in Idaho	Über 100 Millionen Dollar Baukosten, über 2 Milliarden für Folgeschäden und Abriss	Hydroelektrizität, Bewässerung und Überschwemmungsvorsorge	Kurz nach der Fertigstellung brach der Damm. Elf Menschen und Tausende von Rindern ertranken, während hunderttausende Hektar Land überschwemmt wurden und Schäden in Milliardenhöhe entstanden

LIEBER REICH ALS PRÄSIDENT
RUSSISCHER MILLIARDÄR FÄLLT IN UNGNADE, ALS ER SICH IN DIE POLITIK EINMISCHT

Bereits im Alter von 32 Jahren war Michail Chodorkowski der reichste Mann Russlands mit einem Vermögen von über 15 Milliarden US-Dollar. Als Besitzer des Erdölgiganten Jukos und Mann der ersten Stunde in der Oligarchie, die Russland nach dem Fall des Kommunismus übernahm, unterhielt Chodorkowski auch enge Beziehungen zur Regierungs- und Wirtschaftselite des Landes. Wegen seiner ungeheuren Macht und seines gewaltigen Einflusses wagte es niemand, die zweifelhaften Methoden infrage zu stellen, mit denen er zu Geld gekommen war. Chodorkowski spendete für die meisten politischen Parteien, einschließlich der Kommunisten. Er finanzierte sogar eine neue Partei, die Union Rechter Kräfte, die es sich angelegen sein ließ, gegen die Politik der russischen Regierung und Premierminister Wladimir Putin zu opponieren. Viele glauben, dass Chodorkowski sich damit für die Regierungsübernahme in Stellung bringen wollte. Im Oktober 2003 wurde er im Auftrag der russischen Generalstaatsanwaltschaft festgenommen. In der selben Woche untersagte Putin den Börsenhandel mit Jukos-Aktien und leitete damit den Zusammenbruch der Gesellschaft und Chodorkowskis Ende ein. Jukos wurde der Steuerhinterziehung angeklagt und gezwungen, alle wertvollen Aktiva an die russische Regierung abzutreten. 2005 wurde Chodorkowski wegen Betrugs verurteilt und zu zehn Jahren Haft verurteilt. Nach der Verhandlung verlegte man ihn aus dem Gefängnis in ein Lager in Sibirien, wo die Gefangenen in einem Uranbergwerk und einer Aufbereitungsanlage arbeiten müssen. Wenige kehren lebend zurück.

Politische Lehre: Man sollte wissen, wann es genug ist.

KÖNIGIN ELISABETH VON ENGLAND VS. PRÄSIDENT OBIANG AUS ÄQUATORIALGUINEA

Voller Name	Elisabeth Alexandra Mary Windsor	Teodoro Obiang Nguema Mbasogo
Position	Königin des Vereinigten Königreichs	Präsident von Äquatorialguinea
Erlangt durch	Erbte den Thron 1952 nach dem Tod ihres Vaters Georg VI.	Kam an die Macht, indem er seinen Onkel und Vorgänger Francisco Macías Nguema 1979 bei einem Staatsstreich ermordete
Machtbasis	Garantierte Lebensstellung	Gewann die Wiederwahl 2002 mit 100 % der Stimmen
Geschätztes Vermögen	600 Millionen Dollar	600 Millionen Dollar
Erworben durch	Erbschaft, Investments	Drogenhandel, Geldwäsche und Abschöpfung der Profite aus dem Ölreichtum des Landes
Entourage	Begleitet von Dutzenden von Paparazzi auf der Lauer nach einem peinlichen Missgeschick	Begleitet von Dutzenden von Sicherheitsleuten auf der Lauer nach potenziellen Attentätern
Wohnung	Lebt im Buckingham Palast in der Landeshauptstadt London, der über zahlreiche Gärten und über 72 000 Quadratmeter Wohnfläche verfügt	Lebt in der Landeshauptstadt Malabo in einem riesigen Präsidentenpalais, das niemand außerhalb seines engsten Kreises betreten oder auch nur von außen fotografieren darf
Besondere Privilegien	Oberhaupt der Church of England	Regelmäßige Direktkontakte mit Gott und Lizenz zum Töten

WIE MAN EIN NUMMERNKONTO ERÖFFNET

Ortswahl.
Legen Sie sich eine Liste von Ländern mit stabilen Regierungen an, in denen Sie gerne mehr Zeit verbringen würden. Streichen Sie diejenigen ohne moderne Infrastruktur, denn Sie brauchen relativ schnellen und leichten Zugang.

Prüfen Sie das Bankenrecht.
Recherchieren Sie für jedes in Betracht kommende Land Gesetze, Regelungen und Vollzugspraktiken bezüglich Kontoauskunft, Steuern und internationaler Bankgesetze.

Wägen Sie ab.
Suchen Sie nach Banken mit langer Geschichte und unauffälligem Profil, bedeutenden Aktiva, honoriger Unternehmensführung und kostenlosen Telefonnummern.

Ermitteln Sie eine Möglichkeit der sicheren Kommunikation.
Beschaffen Sie sich Wegwerf-Handys mit Prepaid-Karten ausschließlich zur Kommunikation mit Ihren Nummernkontokandidaten. Zerstören Sie diese Telefone alle paar Monate und ersetzen Sie sie durch neue.

Rufen Sie die Banken an.
Bitten Sie um eine Kundenliste. Falls eine der in Frage kommenden Banken sich dazu bereit erklären sollte, streichen Sie sie von der Liste. Eröffnen Sie Ihr Nummernkonto bei einer der verbliebenen Banken.

Legen Sie eine Liste von Ländern an,
in denen Sie gerne mehr Zeit verbringen würden.

Machen Sie Einzahlungen nur persönlich.

Überweisen Sie kein Geld auf elektronischem Weg und vertrauen Sie es niemandem an, um es für Sie einzuzahlen. Befördern Sie das Geld in einem stabilen abschließbaren Aktenkoffer, den Sie mit Handschellen an Ihrem Handgelenk sichern. Tragen Sie auf der Reise lange Ärmel.

Suchen Sie sich eine PIN aus, die Sie sich merken können.

Legen Sie sich eine Tarnung zu.

Damit die Leute zuhause wegen Ihrer regelmäßigen Reisen nicht misstrauisch werden, stellen Sie Kontakte zum Handelsministerium des betreffenden Landes her. Veranstalten Sie gut dokumentierte Treffen zur Förderung der bilateralen Wirtschaftsbeziehungen.

POLITIK KURZ UND BÜNDIG

Robert Bernard Anderson, US-Finanzminister 1957 bis 1961, besaß eine illegale Bank in Britisch Westindien. Er nutzte diese nicht zugelassene Bank zur Steuerersparnis, wurde schließlich erwischt und bekannte sich 1987 der Steuerhinterziehung und der Verletzung amerikanischer und internationaler Bankengesetze für schuldig. Er wurde zu einer Haftstrafe verurteilt.

UNRECHT GUT
POLITIKER UND DIE DUBIOSEN REICHTÜMER, DIE SIE IM AMT ERWARBEN

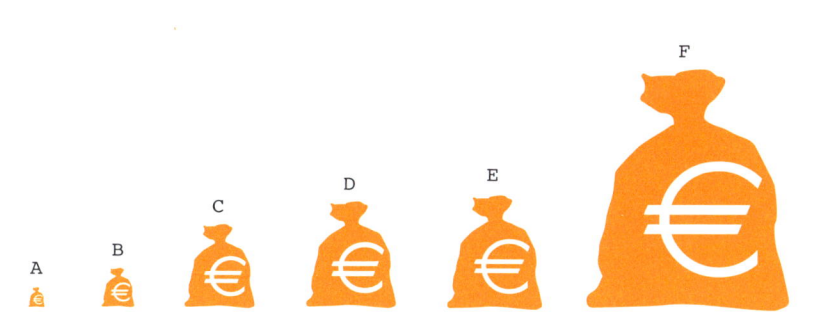

A.	**Alfredo Stroessner**	Präsident von Paraguay (1954-89)	300 Millionen Dollar
B.	**William Magear „Boss" Tweed**	Chef der demokratischen Partei-„Maschine", die New York 1852-72 beherrschte	300 Millionen bis 3 Milliarden Dollar
C.	**Mobutu Sese Seko**	Präsident von Zaire (1965-97)	5 Milliarden Dollar
D.	**Ferdinand Marcos**	Präsident der Philippinen (1965-86)	5-10 Milliarden Dollar
E.	**Mohammad Reza Pahlavi**	Schah von Persien (1941-79)	10 Milliarden Dollar
F.	**Suharto**	Präsident von Indonesien (1967-98)	15-75 Milliarden Dollar

KAPITEL 4: KEIN KOMMENTAR

WIE DER VATER, SO DER SOHN
BABY DOC FOLGT PAPA DOCS VORBILD BEIM PLÜNDERN

Jean-Claude Duvalier – auch „Baby Doc" genannt, weil er erst 19 war, als er 1971 nach dem Tod seines Vater, Francois „Papa Doc" Duvalier die Macht über den karibischen Inselstaat Haiti übernahm – löste zunächst einen kurzen Hoffnungsschimmer unter seinen Wählern aus. Aber angespornt von seiner skrupellosen Frau Michelle Bennett Pasquet, deren Familie ihr Vermögen durch Drogen und Leichenschmuggel gemacht hatte, trat der junge Duvalier bald in die Fußstapfen seines Vaters, übte sich in Korruption und brutaler Unterdrückung und ermordete Zehntausende seiner Landsleute. Außerdem veruntreute er geschätzte 500 Millionen Dollar, während seine Untertanen im ärmsten Land der westlichen Hemisphäre ums Überleben kämpften. Im Oktober 1985 hatten die Haitianer es satt. Überall im ganzen Land forderten protestierende Massen Duvaliers Absetzung, bis die Unruhen im Januar 1986 schließlich auf die Hauptstadt Port-au-Prince überschwappten. Um ihr Leben fürchtend, schnappte sich die Duvalier-Familie so viel Geld und Wertsachen, wie sie tragen konnte, und flüchtete zum Flughafen. Unmittelbar vor dem Start warfen Duvalier und seine Frau noch zwölf Verwandte aus dem Flugzeug, damit auf ihren Sitzplätzen Säcke voll Geld und Juwelen Platz fanden. Duvalier zog es nach Frankreich, wo er eine Zeitlang in Saus und Braus lebte. Aber seine Frau stahl ihm den größten Teil „seines" Geldes und ließ sich dann scheiden. Inzwischen ist Duvalier bankrott und lebt in einem geborgten Einzimmerapartment in Paris.

Politische Lehre: So niederträchtig Sie auch sein mögen, es gibt immer einen, der noch niederträchtiger ist.

NATIONEN, DEREN WAHLEN VOM CARTER CENTER BEOBACHTET WURDEN

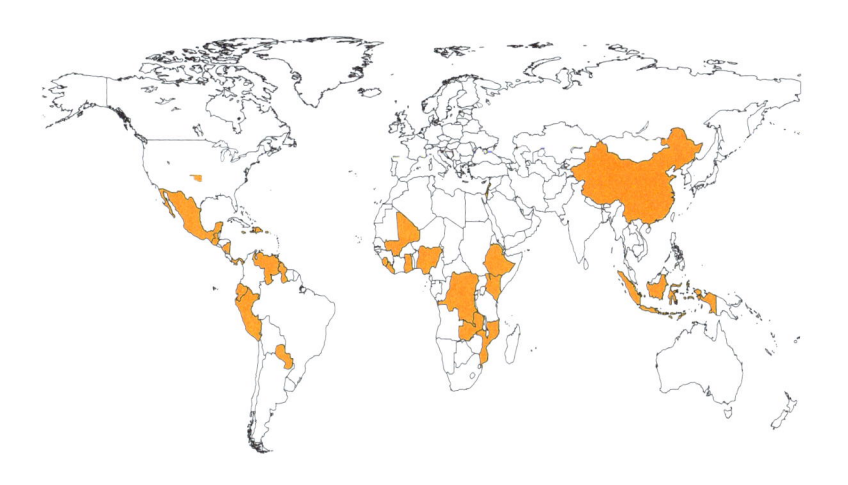

Liberia	Panama
China	Guatemala
Mali	Paraguay
Demokratische Republik Kongo	Guyana
Mexiko	Peru
Dominikanische Republik	Haiti
Mozambique	Sierra Leone
Osttimor	Indonesien
Nicaragua	Venezuela
Ecuador	Jamaica
Nigeria	Sambia
Äthiopien	Kenia
Palästinensische Autonomiegebiete	Cherokee Nation
Ghana	

KAPITEL 4: KEIN KOMMENTAR

KAPITEL 5

NICHT EINWICKELN LASSEN
Internationale Beziehungen

WIE MAN BEIM STAATSBANKETT EINEN TOAST AUSBRINGT

Bitten Sie um Erlaubnis, einen Toast ausbringen zu dürfen.
Treten Sie vor dem Essen mit der Bitte an Ihren Gastgeber heran. Der Gastgeber bestimmt ausgewählte Personen dazu, das Glas auf gewisse Leute zu erheben und möchte die Ehrengäste über Inhalt und Reihenfolge der Toasts informieren.

Wählen Sie den richtigen Zeitpunkt.
Planen Sie Ihren Toast gleich nach dem Hauptgang ein, sobald der Dessertwein serviert ist.

Warten Sie, bis Sie dran sind.
Der erste Toast des Abends wird auf das Staatsoberhaupt des Ehrengastes ausgebracht. Der Gast antwortet ein paar Minuten später mit einem Toast auf das Staatsoberhaupt des Gastgeberlandes. Während ein Toast auf ein Staatsoberhaupt ausgebracht wird, erheben sich alle Anwesenden. Meistens wird danach die entsprechende Nationalhymne gespielt.

Trinken Sie nicht über Gebühr, bevor Sie eine Tischrede halten.

Warten Sie, bis die Gläser gefüllt sind.
Es wäre unhöflich, mit einem Toast anzufangen, bevor alle Gäste mit dem passenden Getränk versorgt sind, um die Gläser zu erheben. Champagner oder Dessertwein eignen sich dafür. Keinesfalls sollte man Mixgetränke oder Likör verwenden.

Stehen Sie auf.
Erheben Sie sich, wenn Sie Ihren Toast ausbringen.

Achten Sie auf die richtige Sprache.
Bringen Sie den Toast in der Muttersprache des Ehrengastes aus. Wenn Sie die nicht beherrschen, warten Sie, bis ein Dolmetscher kommt.

Sprechen Sie den Gast in gebührender Weise an.
Beachten Sie den richtigen Titel und stellen Sie dem Titel ein höfliches „Eure Exzellenz" oder „Eure Majestät" voran.

Trinken Sie.
Selbst wenn Sie keinen Alkohol mögen, heben Sie das Glas an die Lippen. Sie müssen zumindest so tun, als würden Sie daran nippen. Nur die Person, auf die der Toast ausgebracht wird, lässt ihr Glas stehen.

FAUXPAS IM AUSLAND

Land	Fauxpas	Warum
Japan	Beim Anstoßen den gängigen Spruch „Chin-chin" verwenden	„Chin-chin" klingt wie japanischer Slang für „Penis"
Albanien	Nicken, wenn man „Ja" meint	Bedeutet in Albanien Ablehnung, während Kopfschütteln „Ja" heißt
Frankreich	Das französische „Tu" statt „Vous" verwenden, wenn man einen flüchtigen Bekannten anspricht	„Tu" ist reserviert für gute Freunde, Familienmitglieder und andere Vertraute
Irak, Russland, Griechenland, Australien	Jemandem das „Daumen nach oben"-Zeichen machen	In vielen Teilen dieser Länder heißt das „Fick dich"
Ghana	Jemandes Handrücken berühren	Das ist ein schlechtes Omen
Polen	Dem Gastgeber eines Abendessens anzubieten, bei der Vorbereitung oder beim Aufräumen zu helfen	Damit würde man andeuten, dass der Gastgeber seinen Pflichten nicht angemessen nachkommt
Brasilien	Gelb und Grün in der Kleidung kombinieren	Das wird als Respektlosigkeit gegenüber der gelb-grünen brasilianischen Flagge betrachtet

POLITIK KURZ UND BÜNDIG

Der US-Botschafter in England, Charles Dawes, löste 1929 einen diplomatischen Skandal aus, als er sich weigerte, zu einem Treffen mit König Georg V. die traditionellen Kniebundhosen zu tragen. Der König war ohnehin schon ungehalten, weil Dawes ihm nicht genügend knackige junge Amerikanerinnen vorstellte.

VORSICHT IST DIE MUTTER DER PORZELLANKISTE
BIER UND DIE UNGARISCHE REVOLUTION

1848 führte der liberale Reformer Lajos Kossuth eine Revolution an, die in Ungarn die erste Verfassung einführte und den Anspruch des Landes auf mehr Autonomie innerhalb des österreichischen Habsburgerreichs bekräftigte. Die Österreicher griffen militärisch ein, aber Kossuth wusste das ungarische Militär hinter sich und warf sie aus dem Land. Dann erklärte er Ungarns vollständige Unabhängigkeit von Österreich und den Habsburgern. Im darauffolgenden Frühjahr verbündeten sich die Habsburger jedoch mit ihrem Monarchenkollegen Zar Nikolaus I. Die vereinte österreichisch-russische Streitmacht überwältigte die ungarischen Nationalisten. Kossuth entkam in die Türkei, aber viele seiner Mitstreiter wurden gefangen genommen und wegen Hochverrats verurteilt. Der berüchtigte österreichische Militärkommandant General Haynau ordnete die Exekution von dreizehn führenden Nationalisten an. Sie wurden einer nach dem anderen auf einem öffentlichen Platz gehenkt. Die österreichischen Gefängniswärter feierten jede Hinrichtung, indem sie mit ihren Bierkrügen lautstark darauf anstießen. Aus Protest gegen die Exekutionen und das widerwärtige Verhalten der Wärter verhängte Ungarn ein inoffizielles Verbot mit Bierkrügen anzustoßen, das erst 1999 auslief. Aber viele Ungarn, die zwar mit Wein oder Likörgläsern anstoßen, ehren weiterhin ihre gefallenen Revolutionshelden, indem sie mit Bierkrügen lediglich auf den Tisch hämmern.

Politische Lehre: Respektiere Traditionen, die im Nationalismus verwurzelt sind.

WIE MAN SICH HEIMLICH AUS DEM LAND VERDRÜCKT

Änderungen im Tagesablauf vermeiden.
Widerstehen Sie der Versuchung überhastet vorzugehen, damit die Behörden nicht hellhörig werden. Behalten Sie Ihre alltäglichen Gepflogenheiten bei, nutzen Sie jedoch jede freie Minute, um die heimliche Abreise zu planen. Tarnen Sie Ihre Bemühungen, Material für die Flucht zusammenzutragen, hinter ganz normalen Aktivitäten.

Lernen Sie aus den Fehlern anderer.
Studieren Sie die Fälle von Personen, die aus politischen Gründen verhaftet wurden, und achten Sie darauf, unter welchen Umständen der Regierung die Festnahme gelang. Meiden Sie diese.

Seien Sie misstrauisch gegenüber unaufgeforderten Hilfsangeboten.
Weisen Sie Angebote, Ihnen bei der Flucht zu helfen, entschieden zurück. Die Leute könnten auf der Lohnliste der Regierung stehen und Sie in eine Falle locken wollen.

Bluffen Sie.
Legen Sie einen wichtigen Termin fest, der Ihre Anwesenheit zwingend erfordert. Wenn die Regierung glaubt, Sie würden wenigstens bis zu Ihrer Hochzeit, den Wahlen oder einer wichtigen Ansprache etc. im Land bleiben, dann wartet sie vermutlich mit der Verhaftung, bis sie eine wasserdichte Anklage gegen Sie zurechtgezimmert hat. Sorgen Sie dafür, dass Sie vor dem betreffenden Termin verschwunden sind.

Verschaffen Sie sich einen Vorsprung.
Treten Sie die Flucht zu einem Zeitpunkt an, an dem Sie eine ganze Weile niemand vermissen wird, zum Beispiel am Wochenende oder an einem Feiertag. Mit diesem Vorsprung haben Sie bessere Chancen, bereits über der Grenze zu sein, wenn die Regierung Ihre Abwesenheit bemerkt.

Seien Sie auf der Flucht unberechenbar.
Sobald man Ihre Flucht bemerkt hat, werden Fahndungsaufrufe entlang der wahrscheinlichsten Fluchtrouten und an den Grenzübergängen ergehen. Falls eine solche Route unvermeidlich ist, verbergen Sie sich wenigstens auf ungewöhnliche Art. Verstecken Sie sich in einem Frachtraum mit einem häufigen Exportgut, das leicht verderblich ist und schnell transportiert werden muss, beispielsweise Obst. Mischen Sie sich unter eine Gruppe von Tagesarbeitern auf dem Rückweg über die Grenze. Verkleiden Sie sich als Mitglied des anderen Geschlechts. Wenn möglich, wählen Sie einen Fluchtweg, auf den die Behörden nicht gleich kommen. Solche Routen erfordern häufig längere und beschwerliche Reisen, also packen Sie alles ein, was Sie benötigen, oder sorgen Sie dafür, dass Sie unterwegs die Vorräte ergänzen können.

Nutzen Sie unerwartete Fluchtwege.

WENIGER GUT GELUNGENE FLUCHTEN

Wer	Notlage
Cicero Römischer Staatsmann (1. Jahrhundert v. Chr.)	Seine politischen Gegner unter Führung seines Widersachers Marcus Antonius ergriffen die Macht in Rom und begannen, ihre Feinde zu exekutieren
Orkhan Sohn des früheren Sultans Bayezid und Anwärter auf den Thron des ottomanischen Reichs (1412-53)	Kaiser Konstantin von Byzanz hatte Orkan unter Hausarrest gestellt, als sein Rivale um den ottomanischen Thron, Mohammed II., ins Land einfiel und die Hauptstadt Konstantinopel besetzte
Ludwig XVI. König von Frankreich (1774-92)	War gestürzt worden und stand unter Hausarrest
Jefferson Davis Präsident der Konföderierten Staaten von Amerika (1861-65)	Unionstruppen hatten seine Armee überrannt und er war gezwungen, seine Regierung aufzulösen und die Hauptstadt zu verlassen
Antonio López de Santa Anna Oberbefehlshaber und Präsident von Mexiko (1833-55)	Seine Armee war gerade von texanischen Revolutionstruppen in der Schlacht von San Jacinto vernichtend geschlagen worden
Nuri as-Said Premierminister des Iraks unter König Faisal II. (1930-58)	Faisal wurde bei einem Militärputsch 1958 ermordet, woraus sich ein allgemeiner Aufstand entwickelte, der sich gegen alle hohen Regierungsbeamten richtete

Flucht	Ergebnis
Versteckte sich in einer Sänfte und ließ sich von Dienern zum Meer tragen, um ein Schiff nach Griechenland zu besteigen	Antonius' Männer holten ihn ein und enthaupteten ihn, als er den Kopf aus der Sänfte streckte. Antonius' Frau riss später die Zunge aus dem abgeschnittenen Haupt und stach wiederholt auf sie ein, weil Cicero so oft die Stimme gegen ihren Mann erhoben hatte
Verkleidete sich als griechischer Mönch und versuchte, sich aus der Stadt zu schleichen	Erwischt und geköpft
Verkleidete sich als Diener und bestieg zusammen mit Frau und Sohn eine Pferdekutsche nach Österreich, wo er eine Armee aufzustellen und Frankreich zurückzuerobern gedachte	Bei der Fahrt durch ein kleines Dorf erkannte ihn ein ehemaliger Palastdiener wieder. Er wurde festgenommen und später, mit Königin Marie Antoinette, guillotiniert
Floh mit Mantel und Kopftuch seiner Frau nach Süden	Gefangen genommen und jahrelang inhaftiert. Während dieser Zeit wurde er gezwungen, seinen Landsitz einem ehemaligen Sklaven zu verkaufen
Schlüpfte aus seiner Generalsuniform und streifte sich die eines gemeinen Soldaten über, versuchte dann, durchs hohe Gras zu einem Bayou zu schleichen	Erwischt und in ein Gefangenenlager eingeliefert, wo seine Soldaten Haltung annahmen und ihn als „El Presidente" begrüßten. Die Verkleidung war aufgeflogen
Verkleidete sich mit Schleier und Burka als Frau	Wurde erwischt und auf einer Stahlstange gepfählt, vom Mob misshandelt und dann auf der Straße zum Verfaulen liegen gelassen

KAPITEL 5: NICHT EINWICKELN LASSEN

ALS TRANSVESTIT ÜBER DIE GRENZE
FLÜCHTIGER NIGERIANISCHER GOUVERNEUR ENTKOMMT

1999 wurde Diepreye Alamieyeseigha Gouverneur von Bayelsa, einer von Nigerias erdölreichsten Provinzen. Die nächsten sechs Jahre seiner Regierungszeit fielen in eine Periode, in der nigerianische Regierungsbeamte bis zu 400 Milliarden öffentlicher Gelder aus den durch den Ölboom prall gefüllten Schatullen des Landes veruntreut haben sollen. Im Jahr 2005 – Alamieyeseigha hielt sich gerade zum Fettabsaugen in England auf (wo er über Grundbesitz in Höhe von geschätzten 20 Millionen Dollar verfügt) – wurde er von den britischen Behörden wegen Geldwäsche verhaftet. Da ihm klar war, dass ihn seine Freunde in der Heimat vor gerichtlicher Verfolgung schützen würden, verkleidete er sich mit Kleid und Perücke als Frau und flog mithilfe eines gefälschten Passes zurück nach Nigeria. Als Journalisten wissen wollten, wie es ihm gelungen sei, heimzukehren, antwortete Alamieyeseigha: „Meine Ankunft ist mir ein Rätsel. Ich begreife nicht, wie ich hergekommen bin. Ich kann nur Gott dafür danken."

Politische Lehre: Zuhause ist es am schönsten.

POLITIK KURZ UND BÜNDIG

Im März 1959 floh der Dalai Lama, spiritueller und politischer Führer Tibets, nach Indien, als er erfuhr, dass er bei einem Theaterbesuch verhaftet werden sollte, zu dem die chinesischen Behörden ihn eingeladen hatten. China war Anfang der 1950er Jahre in Tibet eingefallen und hielt das Land praktisch besetzt. Der Lama reiste mit wenigen Begleitern 15 Tage lang, ausschließlich bei Nacht, 800 Kilometer weit durch die Berge des Himalayas, bis er die Grenze nach Indien erreichte.

WIE MAN SICH ALS MANN VERKLEIDET

Parfüm abwaschen.
Schrubben Sie unter der Dusche jede Spur von Parfum oder weiblichem Seifenduft weg. Nach dem Abtrocknen sprühen Sie etwas Kölnischwasser oder männliches Deodorant auf.

Haare schneiden.
Legen Sie sich einen kurzen, männlichen Haarschnitt zu. Setzen Sie eine Baseballmütze oder eine andere männliche Kopfbedeckung auf.

Bart simulieren.
Reiben Sie sich mit einem angekokelten Korken übers Gesicht, um einen unrasierten Eindruck zu erzeugen.

Brust abflachen.
Ziehen Sie einen Sport-BH oder ein enges T-Shirt an, wickeln Sie anschließend eine lange Bandage mehrmals um Ihren Oberkörper, angefangen vom Brustansatz nach unten, um die Brüste einzuquetschen. Darüber kommt ein weiteres T-Shirt.

Hände aufrauen.
Schmieren Sie sich Dreck auf die Hände. Schneiden Sie sich die Nägel und entfernen Sie jede Spur von Nagellack, auch von Klarlack.

Im Sitzen Beine spreizen.
Schlagen Sie die Beine beim Sitzen nicht übereinander. Stellen Sie die Füße flach auf den Boden und lassen Sie die Knie leicht nach außen kippen. Alternativ legen Sie einen Knöchel über das Knie des anderen Beins. Üben Sie vor dem Spiegel, mit Männerstiefeln wie ein Mann zu gehen.

Hals und Arme bedecken.

Im Unterschied zu Frauen haben die meisten Männer einen vorspringenden Adamsapfel und stark behaarte Unterarme. Tragen Sie einen hohen Kragen und langärmlige Hemden oder Sweatshirts mit Kapuze.

Übergrößen tragen.

Ausgebeulte Hemden, Jeans, Trainingshosen oder andere Hosen mit großen Taschen verbergen Ihre Konturen.

Stimme senken.

Sprechen Sie tief aus dem Zwerchfell heraus. Reden Sie nicht über Gefühle. Geben Sie kurze Antworten.

Leuten in die Augen sehen.

Starren Sie den Menschen direkt in die Augen, wenn Sie mit ihnen sprechen. Das wirkt so, als hätten Sie nichts zu verbergen und hält die Leute von einer eingehenderen Betrachtung ab.

WIE MAN SICH ALS FRAU VERKLEIDET

Weibliche Düfte auflegen.

Nehmen Sie ein ausgiebiges Bad mit femininer Seife, dann parfümieren Sie sich dezent mit einem edlen Duft.

Gesichtsbehaarung vollständig entfernen.

Rasieren Sie sich gründlich Hals und Gesicht, dann gehen Sie noch einmal drüber, und zwar so dicht wie möglich an der Haut, um auch die letzten Stoppeln zu entfernen. Keine Koteletten! Tragen Sie eine Gesichtslotion auf, um die Haut zu befeuchten.

Augenbrauen zupfen.
Beseitigen Sie Wildwuchs und versuchen Sie, eine schmale gewölbte Linie herzustellen.

Make-up auflegen.
Tragen Sie dezent und geschmackvoll Eyeliner, Lippenstift und Rouge auf. Vermeiden Sie eine Abdeckcreme, es sei denn, sie wäre unbedingt nötig, um hartnäckige Stoppeln zu verbergen, – und stellen Sie sicher, dass sie Ihrem natürlichen Hautton entspricht. Mit einem bisschen Make-up sehen Sie aus wie eine Frau, aber, wenn Sie zu dick auftragen, wie eine Drag-Queen.

Haar richten.
Wenn Ihr Haar lang genug ist, frisieren Sie es in einem typisch femininen Stil. Sollte es relativ kurz sein, nehmen Sie eine Perücke, aber nur erstklassige Ware. Eine schlecht sitzende Perücke aus billigem Synthetikmaterial fällt mehr auf als kurzes Haar. Wenn Sie keine gute Perücke bekommen können, tragen Sie ein Kopftuch oder einen breitkrempigen Schlapphut, der Ihr Gesicht teilweise verbirgt.

Hals bedecken.
Benutzen Sie einen Schal oder einen Rollkragenpulli. Die meisten Frauen haben im Gegensatz zu den meisten Männern keinen hervortretenden Adamsapfel.

Nägel maniküren.
Waschen Sie sich gründlich die Hände und entfernen Sie jeglichen Schmutz unter den Nägeln. Schneiden und feilen Sie die Nägel und tragen Sie farbigen Lack auf. Sollten Ihre Hände sehr haarig oder vernarbt sein, tragen Sie feminine Handschuhe. Wenn auch Ihre Arme zu eher starkem Haarwuchs neigen, rasieren Sie sie oder tragen Sie langärmlige Hemden.

Mit den Hüften wackeln.
Wiegen Sie sich beim Gehen mehr in Hüften und Schultern als sonst. Verlagern Sie das Gewicht auf die Zehen, nicht auf die Fersen. Üben Sie den Gang in einem Paar guter Frauenschuhe vor dem Spiegel.

Passende Garderobe.
Kleiden Sie sich so, dass Sie zwischen den Frauen in der Umgebung nicht auffallen. Wählen Sie ein Kleid oder ein Kostüm, das ihre Bizeps, Schultern und Hüften eher verbirgt. Polstern Sie sich aus, um feminine Rundungen an Hüften, Brust und Po zu erzeugen. Tragen Sie einen Frauenmantel, wenn das Wetter es zulässt.

Handtasche nicht vergessen.
Tun Sie Geld und andere Kleinigkeiten, die Sie für die Flucht benötigen, in eine Handtasche. Vergessen Sie nicht Lippenstift, Haarbürste und Parfum. Nehmen Sie eine Handtasche mit Bügel, die Sie mit beiden Händen vor den Körper halten – das wirkt weiblicher, als die Arme an den Seiten baumeln zu lassen.

Beine überschlagen.
Beim Sitzen legen Sie ein Knie über das andere.

Stimmhöhe anheben.
Reden Sie wie mit zugeschnürter Kehle, damit Sie nicht über das Zwerchfell atmen und sprechen. Geben Sie kurze Antworten.

KEIN ZURÜCK NACH HAUSE

Überläufer	Von	Nach	Grund
Merujan Artsruni	Armenien	Persien	Protestierte dagegen, dass Armenien das Christentum annahm und Anhänger des Zoroastrismus (wie ihn selbst) verfolgte
Francisco Javier Mina	Spanien	Frankreich	Flüchtete 1815 nach einem misslungenen Umsturzversuch gegen den spanischen König Ferdinand VII. nach Frankreich
Johann Patkul	Schweden	Schweiz	Floh aus seiner Heimat Schweden in die Schweiz, als er wegen seiner Proteste gegen die Landpolitik König Karls XI. des Hochverrats angeklagt wurde
Mildred Gillars	USA	Deutschland	Verliebte sich in einen verheirateten deutschen Professor und zog 1935 aus den USA nach Nazideutschland, wo sie zu der berüchtigten Radiopropagandistin „Midge at the Mike" (Mücke am Mikrofon, später auch bekannt als Achsen-Sally) mutierte und die amerikanischen und englischen Streitkräfte während des Zweiten Weltkriegs mit Nachrichten über ihre unmittelbar bevorstehende Niederlage plagte
Ndabaningi Sithole	Zimbabwe	USA	Wurde von seinem alten Rivalen Robert Mugabe ausmanövriert

EIN MAULWURF RETTET SEINE HAUT
SOWJETISCHER DOPPELAGENT LEGT VETO GEGEN DIE EIGENE ENTLARVUNG EIN

Kim Philby war britischer Geheimdienstmann und gleichzeitig sowjetischer Doppelagent. 1945 versuchte Konstantin Wolkow, ein sowjetischer Diplomat in der Türkei, sich nach Großbritannien abzusetzen. Im Austausch für die britische Staatsbürgerschaft bot Wolkow an, die Identität zweier hochrangiger britischer Geheimdienstoffiziere zu entlarven, die für die Sowjets arbeiteten. Einer davon war Philby. Als stellvertretendem Leiter der für die Sowjetunion zuständigen Spionageabwehr legte man ihm Wolkows Vorschlag zur Prüfung vor. Kurz darauf verschwand Wolkow auf geheimnisvolle Weise aus der Türkei und wurde in die Sowjetunion zurückgebracht. Die Sowjets verhörten ihn wegen seines Versuchs überzulaufen und exekutierten ihn dann. Philby arbeitete weitere 18 Jahre als Doppelagent, bevor er sich 1963 in die Sowjetunion absetzte. Später wurde ihm für seine Verdienste um den Kommunismus und die Sowjetunion der Orden des roten Banners verliehen.

Politische Lehre: Vertrauen Sie keinem.

POLITIK KURZ UND BÜNDIG

Gegen Ende des 20. Jahrhunderts trafen so viele nordkoreanische Überläufer in Südkorea ein, dass man dort „Hanawon" gründete, eine spezielle Umsiedlungstadt in der koreanischen Provinz. Dort überprüfte man Überläufer daraufhin, ob sie Spione waren, anschließend bereitete man sie in einem zweimonatigen Kurs auf den Übergang vom Leben im verarmten kommunistischen Norden zu dem in der kapitalistischen Gesellschaft Südkoreas vor. Da die Überläuferquote ständig anstieg, verdoppelte die südkoreanische Regierung ein paar Jahre später die Größe von Hanawon.

DIE FLUT KOMMT
ÜBERLÄUFER VON NORD- NACH SÜDKOREA

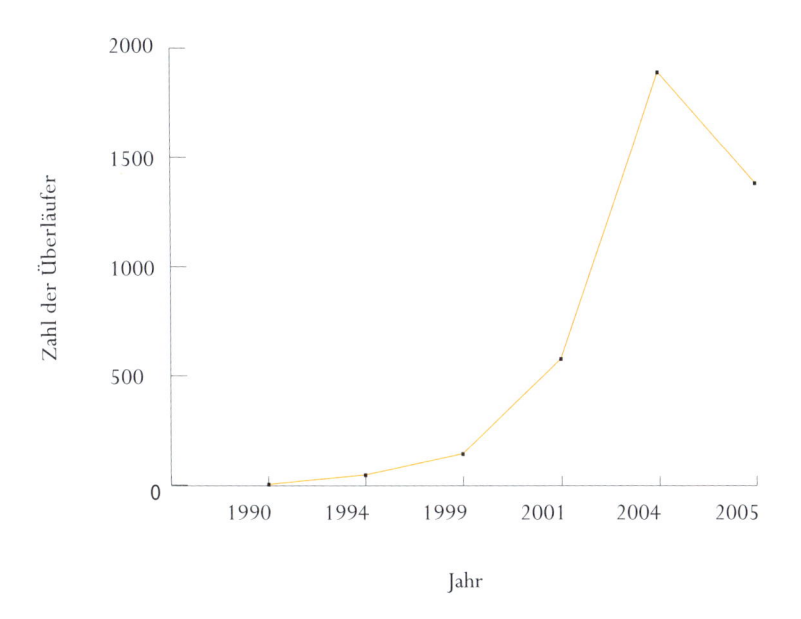

Zahl der Überläufer (y-Achse: 0 – 2000)
Jahr (x-Achse: 1990, 1994, 1999, 2001, 2004, 2005)

POLITIK KURZ UND BÜNDIG

Die US-Handelsbeauftragte Carla Hills liebte die Metapher „einen Markt mit der Brechstange öffnen", um ihre Vorgehensweise bei internationalen Handelsabkommen zu beschreiben. 1992 verdarb sie es sich mit den Bauern in Indien, weil eine Firma in Bangalore, die der US-Gesellschaft Cargill Inc. gehörte, deren einheimisches Saatgut genetisch veränderte. Da Hills den umstrittenen Vertrag ausgehandelt hatte, welcher es Cargill gestattete, sich hier niederzulassen, besetzten 500 indische Bauern die Cargill-Fabrik und zerlegten sie – als kleinen Gruß an Hills – Stück für Stück mit Brechstangen.

WHO'S WHO DER ALLERSCHLIMMSTEN

DON JUAN ESCOIQUIZ
AUSSENPOLITISCHER BERATER

Missetaten: Überzeugte seinen jungen Schüler Prinz Ferdinand davon, dass sein Vater König Karl IV. ihn hinrichten lassen wollte, und impfte Ferdinand so eine lebenslange Paranoia ein ★ Wurde als königlicher Lehrmeister 1805 gefeuert, weil er heimlich versuchte, Stimmung gegen Spaniens Allianz mit Napoleon und Frankreich zu machen ★ Versuchte, während der fehlgeschlagenen Escorial-Verschwörung von 1807 hinter dem Rücken von König Karl IV. seine eigene geheime Allianz mit Napoleon zu schmieden ★ Zettelte 1808 die Meuterei von Aranjuez an – einen inszenierten Volksaufstand, der Karl IV. dazu verleitete, seinen Thron zugunsten Ferdinands aufzugeben, welcher Escoiquiz zu seinem obersten Berater ernannte und anschließend der vielleicht schlechteste Monarch der spanischen Geschichte wurde ★ Überredete Ferdinand dazu, ihn 1808 auf einer diplomatischen Mission nach Frankreich zu begleiten, wo beide sieben Jahre lang von Napoleon festgesetzt wurden, der das ständige Ränkespiel und ihre Unfähigkeit satt hatte ★ Fand 1815 eine neue Anstellung am spanischen Königshof, wurde aber kurze Zeit später wegen Verrats und Inkompetenz verhaftet ★ Nahm sich eine Geliebte und zeugte mit ihr zwei Kinder, während er noch Priester war

Geboren: 1762 in Navarra, Spanien
Gestorben: 27. November 1820 im Exil
Erster Job: Priester
Zitat: „Es ist unmöglich, bösartiger und zu gleicher Zeit indiskreter und unfähiger zu sein als Escoiquiz." – Manuel de Godoy, spanischer Premierminister (1792-97, 1801-08), in seinen Memoiren

WIE MAN EINEN AUSLÄNDISCHEN WÜRDENTRÄGER FÜR SICH EINNIMMT

Den roten Teppich ausrollen.

Bereiten Sie dem Würdenträger, der Sie besucht, einen großartigen Empfang mit allem Pomp, damit er sich wichtig und angemessen gewürdigt fühlt. Ehren Sie den Gast mit einem fürstlichen Staatsbankett und kulturellen Veranstaltungen. Der ganze Aufwand verleitet den Besucher dazu, sich zu entspannen und kooperativer zu werden, während er gleichzeitig von umstrittenen Themen, unvorteilhaften Presseberichten und anderen Schwierigkeiten abgelenkt wird.

Demonstrieren Sie Ihren Einfluss.

Je mehr Macht Sie und Ihre Verbündeten zu haben scheinen, desto eher wird der Würdenträger wichtige Abkommen mit Ihnen treffen – und dabei zu größeren Zugeständnissen bereit sein, damit Sie diese Vereinbarungen akzeptieren. Organisieren Sie Paraden, eigens angesetzte Fußballspiele und andere Demonstrationen Ihrer gut fundierten Macht.

Entführen Sie ihn an einen zauberhaften Ort.

Nachdem Sie den Würdenträger in der Hauptstadt Ihres Landes fürstlich bewirtet haben, verfrachten Sie ihn an einen abgelegenen Ort auf dem Land. Wählen Sie eine ruhige und schöne Gegend, wo Sie oder einer Ihrer Spender ein großes Haus besitzen, das genug Platz für alle bietet. Unternehmen Sie gemeinsame sportliche Aktivitäten, die die Kooperation fördern, etwa Kanufahren oder Jagen. Nehmen Sie sich am Abend Zeit für zwanglose persönliche Unterhaltungen, die es dem Würdenträger erlauben, seine Maske fallen zu lassen und sich Ihnen auf informelle und aufrichtige Weise zu öffnen.

Gewinnen Sie mit sanftem Druck die Kooperation des Würdenträgers.

Weihen Sie Ihren Gast in weitreichende Zukunftspläne ein.
Erkunden Sie zusätzlich zur diplomatischen Agenda reizvolle neue Wege, die guten Beziehungen zwischen Ihren beiden Länder auszubauen. Betonen Sie die führende Rolle, die Ihr Gast dabei spielen könnte, und wie sehr beide Staaten davon profitieren würden. Überlassen Sie es dem Würdenträger, sich die Auswirkungen auf seinen eigenen politischen Status und Reichtum auszumalen.

Üben Sie Druck aus.
Manche ausländischen Würdenträger zeigen sich widerspenstig und unkooperativ, egal, wie viel Mühe man sich mit ihnen gibt. Sollten Sie vor einer solchen Situation stehen, arbeiten Sie daran, die Glaubwürdigkeit des Würdenträgers zu unterminieren, um ein potenziell negatives Ergebnis zu entschärfen. Laden Sie den Würdenträger zu einer undurchsichtigen landesüblichen Veranstaltung ein, bei der er sich lächerlich machen kann, zum Beispiel einem Volkstanz oder einer religiösen Zeremonie, sodass er überhaupt nicht weiß, wie er sich verhalten soll. Sabotieren Sie seinen Teleprompter, damit die Medien über seinen Fauxpas lachen und ihn zur Witzfigur machen.

Finden Sie seine bevorzugten Laster heraus.
Viele Menschen geben sich im Ausland viel entspannter ihren Schwächen hin, weil sie glauben, dass zuhause niemand davon erfährt. Finden Sie heraus, welchem Laster Ihr Würdenträger frönt, und dann machen Sie es ihm nach und nach zugänglich. Wenn er Anzeichen von Trunksucht zeigt oder einem kleinen Nümmerchen nicht abgeneigt scheint, sorgen Sie für die passenden alkoholischen Getränke und ansprechende Begleitung.

Zeigen Sie ihm ein paar neue Laster.
Jede Kultur kennt ein paar einzigartige Ausschweifungen, die für die meisten Ausländer neu sind. Stellen Sie sicher, dass Ihr Besucher mit ihnen Bekanntschaft macht.

Zeichnen Sie auf.
Nehmen Sie die Ausschweifungen Ihres Gastes heimlich auf. Lassen Sie ihn es schließlich ganz freundlich wissen. Deuten Sie an, dass jetzt vielleicht im gemeinsamen Interesse eine zuvorkommendere Haltung angebracht wäre. Verstärken Sie nach und nach den Druck, indem Sie erwähnen, wer sich alles für die Aufzeichnungen interessieren könnte.

POLITIK KURZ UND BÜNDIG

Joseph Patrick Kennedy, der Gründervater der liberalen amerikanischen Kennedy-Dynastie, setzte sich bei der britischen und der US-Regierung vor dem Zweiten Weltkrieg aktiv für eine engere Kooperation mit Nazideutschland ein. Als US-Botschafter in Großbritannien ersuchte der alte Kennedy mehrfach um ein Treffen mit Adolf Hitler, das jedoch abgelehnt wurde. Kennedy trat von seinem Botschafterposten zurück, als Franklin Roosevelt 1940 seine Empfehlungen ignorierte und eine aggressivere Haltung gegenüber den Nazis einnahm.

NETTER VERSUCH
NAZIFÜHRER ENTFERNT SICH IM NAMEN DES FRIEDENS UNERLAUBT VON DER TRUPPE

Im Frühjahr 1941 sorgte sich Adolf Hitlers Stellvertreter Rudolf Hess zunehmend um die Zukunft des Landes. Da Deutschland eine Invasion in der Sowjetunion im Osten vorbereitete, während es gleichzeitig an der Westfront noch gegen England kämpfte, befürchtete Hess, dass die Streitkräfte des Landes damit überfordert wären. Aber seine mahnende Stimme blieb ungehört, denn Hitler folgte lieber den aggressiveren und optimistischeren Generälen. Als glühender Okkultist war Hess davon überzeugt, von übernatürlichen Mächten dazu ausersehen zu sein, Deutschland vor dem Untergang zu retten. Als der Mond endlich in Konjunktion mit sechs Planeten stand und sein persönlicher Astrologe ihm versicherte, dass es ein perfekter Tag für sein großes Unterfangen sei, borgte sich Hess am 10. Mai 1941 ein Jagdflugzeug und flog gen Nordwesten. Stunden später landete er per Fallschirm im Feld eines Farmers in Schottland, der ihn bis zum Eintreffen der Polizei festhielt. Im Verhör bestand Hess darauf, dass Hitler ihn geschickt hätte, um ein geheimes Friedensabkommen auszuhandeln. Die britischen Behörden hielten ihn für verrückt. Hess wurde gefangen gesetzt, intensiven psychiatrischen Untersuchungen unterzogen und nach dem Krieg nach Westberlin ins Spandauer Gefängnis verlegt. Dort blieb er bis zu seinem Tod 42 Jahre später in Haft.

Politische Lehre: Gute Absichten führen nicht immer zu guten Resultaten.

WAHLBETEILIGUNGEN BEI DEN PRÄSIDENTSCHAFTSWAHLEN

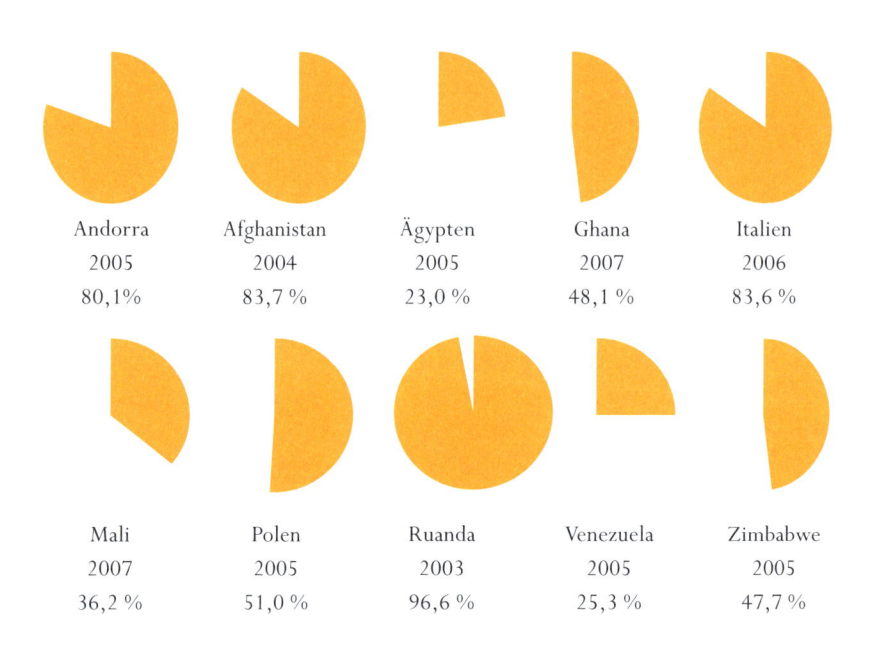

Andorra	Afghanistan	Ägypten	Ghana	Italien
2005	2004	2005	2007	2006
80,1 %	83,7 %	23,0 %	48,1 %	83,6 %

Mali	Polen	Ruanda	Venezuela	Zimbabwe
2007	2005	2003	2005	2005
36,2 %	51,0 %	96,6 %	25,3 %	47,7 %

POLITIK KURZ UND BÜNDIG

1324 besuchte Mansa Musa, der Herrscher von Mali, Kairo in diplomatischer Mission, um bessere Beziehungen zu Ägypten herzustellen. Während ihres Aufenthalts gaben der reiche Musa und sein Gefolge so viel Gold aus, dass die ägyptische Währung zusammenbrach und die Wirtschaft des Landes mehr als ein Jahrzehnt lang im Chaos versank.

REDEN IST GOLD, SPRÜHEN IST SILBER
KOLUMBIANISCHE BEMÜHUNGEN UM DIE VERBESSERUNG DER BEZIEHUNGEN ZU DEN USA SCHEITERN KLÄGLICH

Im Jahr 2000 äußerte sich US-Senator Paul Wellstone aus Minnesota immer besorgter darüber, was mit den Milliarden Dollar an amerikanischen Hilfsgeldern geschah, die jährlich nach Kolumbien flossen. Als führender Menschenrechtler des Senats bezweifelte er, dass es gelungen sei, durch finanzielle Hilfen an die korrupte und rücksichtslose kolumbianische Regierung den Kokainanbau im Land einzudämmen, und fürchtete, die Lebensbedingungen der Einwohner hätten sich eher verschlechtert. Größte Bedenken hatte Wellstone vor allem wegen des Programms, den Anbau illegaler Drogen zu verhindern, indem man die Kokapflanzungen aus Sprühflugzeugen mit Herbiziden besprizte. Es gab zahlreiche Berichte kolumbianischer Bauern, dass die Flugzeuge der Regierung häufig ihre Ziele verfehlten und ganz legale Anbauflächen trafen, womit sie die Ernten der Bauern vernichteten und ihre Gesundheit gefährdeten. Fischer sagten aus, dass die Herbizide auch in Flüsse und Seen geschwemmt würden und über große Strecken alles Leben im Wasser auslöschten, was es ihnen unmöglich machte, ihren Lebensunterhalt zu verdienen. Als Wellstone im Juni nach Kolumbien reiste, arrangierten die Kolumbianer daher eine Sprühflugzeug-Vorführung, um ihre außerordentliche Treffsicherheit dank verbesserter Technik und Satellitenfotografie zu beweisen. Senator Wellstone, der US-Botschafter und kolumbianische Vertreter standen an einem Hügel mit Blick auf ein illegales Kokafeld, als der Sprühpilot zu seiner Demonstration ansetzte. Der größte Teil seiner Herbizidladung landete direkt auf Wellstone und den anderen Würdenträgern und durchnässte sie bis auf die Haut mit der giftigen Chemikalie.

Politische Lehre: Erst gründlich üben, bevor man versucht, Eindruck zu schinden.

POLITIKER VS. RELIGIONSFÜHRER

Wer	Grund der Auseinandersetzung
Heinrich II. König von England (1154-89) vs. **Erzbischof Thomas Becket** (1162-70)	Heinrich ernannte seinen alten Freund Becket zum katholischen Erzbischof von Canterbury, um mehr Kontrolle über die englische Kirche zu erlangen; doch Becket wurde zu seinem schärfsten Kritiker und drohte, ihn zu exkommunizieren
Frank Church US-Senator (1957-81) vs. **Jerry Falwell** Baptistischer Geistlicher und Mitbegründer der politisch-religiösen Aktivistengruppe „Moralische Mehrheit"	Senator Churchs Eintreten für ein Recht auf Abtreibung, Umweltschutz, Rüstungskontrolle und den Panamakanal-Vertrag
Roberto D'Aubuisson Gründer und Chef der ultrarechten nationalistischen Partei ARENA in El Salvador (1981-92) vs. **Oscar Romero** Katholischer Erzbischof von San Salvador (1977-80)	Die Brutalität von D'Aubuissons Todesschwadronen, die Tausende von politischen Gegnern ermordeten, einschließlich sechs katholischen Priestern, welche als zu liberal galten
Abolhassan Banisadr Iranischer Präsident (1980-81) vs. **Ruhollah Chomeini** Großayatollah	Ausrichtung der neuen islamischen Regierung und Gestaltung der Politik

Ergriffene Maßnahme	Ergebnis
Vier Ritter, die mit angehört hatten, wie Heinrich über den Erzbischof schimpfte, ermordeten Becket in der Kathedrale von Canterbury	Die Welle der Empörung über Beckets Tod zwang Heinrich, den politischen Forderungen der Kirche nachzugeben und Buße zu tun, indem er in Sack und Asche nach Canterbury pilgerte, wo ihn die Mönche auspeitschten
Die „Moralische Mehrheit" und deren Ableger „Anybody But Church" in Churchs Heimatstaat Idaho mobilisierten Millionen Dollar und Hunderte von Aktivisten gegen Church, als dessen Wiederwahl 1980 anstand	Church verlor die Wahl zu seiner vierten Legislaturperiode mit weniger als einem Prozent der Stimmen gegen den Konservativen Steve Symms
Der ehemals konservative Romero erhob in Predigten und bei öffentlichen Veranstaltungen die Stimme gegen das salvadorianische Militär und D'Aubuissons Todesschwadronen	Romero wurde von einem Anhänger D'Aubuissons erschossen, während er 1980 die Messe zelebrierte; D'Aubuisson wurde verhaftet und, obwohl er offensichtlich in Romeros Ermordung verwickelt war, später freigelassen, als seine Leute mit weiterer Gewalt drohten
Chomeini ordnete Banisadrs Absetzung an und die Exekution seiner engsten Freunde und Verbündeten	Banisadr gelang die Flucht ins Ausland, bevor er verhaftet und hingerichtet werden konnte; Chomeini ernannte einen Nachfolger und blieb bis zu seinem Tod unangefochtener politischer und religiöser Führer des Irans

BARFUSS DURCH DIE ALPEN
KAISER IST GEZWUNGEN, OHNE SCHUHE IM SCHNEE AUF AUDIENZ MIT ERZÜRNTEM PAPST ZU WARTEN

Da er sich wachsendem internationalen Widerstand wegen seiner Exkommunizierung durch die katholische Kirche ausgesetzt sah, reiste Heinrich IV., Kaiser des Heiligen Römischen Reichs, nach Norditalien, um sich dort im Januar 1077 mit Papst Gregor VII. zu treffen. Heinrich hoffte, auf dem Verhandlungsweg ein Ende des Investiturstreits zu erreichen, ausgelöst durch seine Weigerung, dem Papst zu gestatten, im riesigen Heiligen Römischen Reich seine eigenen Bischöfe zu ernennen. Der Pontifex ließ Heinrich, einen der mächtigsten Männer der Welt, drei Tage barfuß mit Frau und Kind im Schnee vor seiner Burg ausharren, bevor er ihm eine Audienz gewährte. Nachdem der schlotternde Heinrich endlich hereingelassen wurde und vor dem Papst auf die Knie fiel, löste Gregor den gegen ihn verhängten Bann. Aber er weigerte sich weiterhin, Heinrich als legitimen Herrscher des Heiligen Römischen Reichs anzuerkennen. Als der in seine Hauptstadt zurückkehrte, sah er sich mit einem Bürgerkrieg konfrontiert, den der päpstliche Favorit, der Herzog von Schwaben, gegen ihn angezettelt hatte. Als der Schwabe 1080 eine entscheidende Schlacht gewann, exkommunizierte Papst Gregor Heinrich abermals – weil er ohne seine Genehmigung Krieg führte. Doch Heinrich sammelte seine Streitkräfte wieder und besiegte die Aufständischen. Statt mit der Familie nach Italien zu pilgern, um Gregor um die Aufhebung der zweiten Exkommunizierung zu bitten, rückte er diesmal mit seiner Armee an. 1081 besetzte er Italien und zwang Papst Gregor, aus dem Vatikan zu fliehen und unterzutauchen. Dann setzte er einen Papst seiner Wahl an Gregors Stelle und etablierte sich als mächtigster Herrscher Europas.

Politische Lehre: Manchmal muss man sich beugen, manchmal bietet man besser die Stirn.

WER HATTE ES SCHLIMMER GETROFFEN?
JOHANNES DE PLANO CARPINI VS. JOHN ADAMS

Wer	Johannes de Plano Carpini	John Adams
Amt	Franziskanermönch	Sondergesandter
Von	Lyon, Frankreich	Boston, Massachusetts, USA
Flucht nach	Karakorum, Mongolei	Paris, Frankreich
Kilometer	Etwa 7200 km	Etwa 7500 km
Per	Zu Pferd und zu Fuß	Schiff
Widerstände	Schlechtes Wetter, Banditen, Berge, eisige Flüsse	Winterstürme, Blitzeinschlag, Piratenangriff, Skorbut
Abreise	16. April 1245	15. Februar 1778
Ankunft	17. Juli 1246	1. April 1778
Gesandt von	Papst Innozenz IV.	US-Kongress
Mission	Den mongolischen Großkhan Güyük zu überreden, christliche Missionare in sein Reich zu lassen, ihn dann zu bekehren und mithilfe seines neuen Glaubens dazu zu bringen, die mongolische Invasion in Europa abzublasen	Ein Militärbündnis zwischen den Vereinigten Staaten und Frankreich zu schmieden
Resultat	Güyük meinte, dass das Christentum die Mongolei bereits erreicht hätte, ließ sich aber nicht bekehren und erklärte, der Herrscher der ganzen Welt einschließlich Europas zu sein. Er befahl Carpini, umzukehren und nach Hause zu gehen	Bei seiner Ankunft erfuhr Adams, dass das Bündnis zwischen Frankreich und den USA bereits besiegelt und unterzeichnet war

FENIANS' WAKE
REBELLENGRUPPE VERSUCHT IRLAND ZU BEFREIEN, INDEM SIE KANADA ALS GEISEL NIMMT

Die Bruderschaft der Fenier gründete sich in den 1850er Jahren in den USA als irische Auslandsmiliz mit dem Ziel, die Briten aus Irland hinauszuwerfen. Hunderte von Feniern meldeten sich im amerikanischen Bürgerkrieg freiwillig zu den Waffen, um eine militärische Ausbildung zu erhalten. Viele kehrten dann nach Irland zurück, um an einem bewaffneten Aufstand teilzunehmen, aber die Engländer erfuhren davon und nahmen die meisten Rebellen fest, kaum dass sie an Land gegangen waren. Daraufhin beschlossen die in den USA zurückgebliebenen Fenier, Kanada zu erobern und als Geisel zu nehmen, bis die Briten Irland freigaben. 1866 fielen etwa 25 000 fenische Soldaten in verschiedenen Teilen Kanadas ein, das damals noch eine Ansammlung englischer Kolonien war, mussten aber umkehren, als das US-Militär ihre Nachschublinien kappte. Die US-Regierung beschlagnahmte die Waffen der sich zurückziehenden Fenier und nahm ihnen das Versprechen ab, ihr Vorhaben aufzugeben. Eine kleine Gruppe Fenier brach das Versprechen und reorganisierte sich 1870 zu einer weiteren Invasion in Kanada, aber beim ersten Anzeichen von Widerstand musste sie fliehen. Ein erneuter Feldzug nach Manitoba im nächsten Jahr war ebenfalls schnell beendet. Daraufhin beauftragten die Fenier den irischen Unterseeboot-Entwickler John Holland, ihnen ein U-Boot zu bauen, mit dem sie britische Handelsschiffe in Nordamerika angreifen und versenken wollten. Da sie das U-Boot mit dem Namen „Fenische Ramme" nicht bezahlen konnten, stahlen sie es, merkten aber bald, dass sie ohne Hollands Hilfe, die sie verständlicherweise nicht erhielten, nichts damit anfangen konnten.

Politische Lehre: Was nach einer schlechten Idee klingt, ist es vermutlich auch.

ZUGABE
SCHAUSPIELER, DIE EINE ZWEITE KARRIERE IN DER POLITIK MACHTEN

Wer	Als Politiker	Als Schauspieler
Jaroslaw und Lech Kaczynski	Lech ist amtierender polnischer Präsident, Jaroslaw war Ministerpräsident	1962, im Alter von zwölf Jahren, spielten die eineiigen Zwillinge zwei raffgierige Schlägertypen in dem Film *Von Zweien, die den Mond stahlen*
Glenda Jackson	Englische Parlaments-abgeordnete seit 1992	Zweimal für den Oskar als beste Schauspielerin nominiert, in ihren Rollen als sexsüchtige Gattin des Komponisten Pjotr Tschaikowski in *Genie und Wahnsinn* (1970) und als untreue Frau in *Mann, bist du Klasse!* (1973)
Jesse Ventura	Gouverneur von Minnesota (1998-2003)	Trat über ein Jahrzehnt lang als eitler, im Ring eine Federboa tragender Wrestling-Bösewicht Jesse „The Body" Ventura auf
Michael Cashman	Englischer Europa-parlaments-Abgeordneter (1999-)	Vor seiner Wahl spielte er in den Filmen *Predator* und *Running Man*, jeweils als Gegenspieler des zum Politiker mutierten Schauspielers Arnold Schwarzenegger
Ronald Reagan	US-Präsident (1981-89)	Spielte in der BBC-Serie *East Enders* von 1986-89 den Colin Russell, den ersten männlichen Darsteller, der zur besten Sendezeit in Großbritannien einen anderen Mann küsste
Arnold Schwarzenegger	Gouverneur von Kalifornien (2003-)	Wirkte in Dutzenden von Filmen mit, einschließlich der 1951er Komödie *Bedtime for Bonzo*, wo er neben einem Schimpansen spielte. Spielte in *Terminator* (1984) einen Cyborg, der in der Zeit zurückreist, um die Mutter eines zukünftigen Revolutionärs zu töten
Hideo Higashikokubaru	Gouverneur von Miyazaki in Japan (2007)	Populärer Komiker, der in der Sexkomödie *Getting Any?* mitspielte und als Gastgeber der TV-Spielshow *Takeshi's Castle* bekannt wurde

ÜBER DIE PLANKE GEGANGEN
SCHAUSPIELER, DIE AUS DER TV-SERIE LOVE BOAT IN DIE POLITIK UMZOGEN

Wer	Rolle in *Love Boat*	Politische Rolle
Fred Grandy	Spielte 1977-84 den Schiffssteward Gopher Smith	US-Abgeordneter für Iowa (1986-94)
Gavin MacLeod	Spielte während der gesamten Laufzeit der Serie 1977-86 den Kapitän Merril Stubing	Derzeit Bürgermeister von Pacific Palisades, Kalifornien
Sonny Bono	War 1979 Gaststar in der Episode *Sounds of Silence* als einsamer Heavy-Metal-Rockstar Deacon Dark und als Steve Bloom in der Episode *Pride of the Pacific* (1982)	Kongressabgeordneter von Kalifornien (1994-98)
Nancy Kulp	Tauchte 1978-81 wiederholt in der Rolle der Tante Gert auf	Trat 1984 als demokratische Kongresskandidatin gegen den amtierenden Republikaner Bud Shuster aus Pennsylvania an, verlor aber
Maureen Reagan	Spielte 1978 in der Episode *Ship of Ghouls* die Mrs. Moss	Rechtslastige Talkshowgastgeberin und politische Aktivistin, Tochter von Präsident Ronald Reagan (1981-89)
Ruth Warrick	Gaststar in der 1982er Episode *Gopher, der eiserne Ritter*	Bildungsberaterin in Präsident Kennedys Arbeitsministerium und Präsident Lyndon Johnsons „Job Corps", Mitglied des „World Women's Committee" der UN

WHO'S WHO DER ALLERSCHLIMMSTEN

SEXTUS POMPEIUS
POLITISCHER DISSIDENT

Missetaten: War der jüngste Sohn von Pompeius dem Großen, dem römischen Politiker und Feldherrn, der im Sommer des Jahres 66 v. Chr. die Piratenflotten besiegte, welche das Mittelmeer beherrschten ★ Wurde Anführer der Rebellion gegen Julius Caesar, nachdem dieser seinen Vater und die römische Republik 48 v. Chr. gestürzt hatte ★ Wurde selbst zum Piraten, nachdem Caesar seine Rebellenarmee besiegt hatte ★ Eroberte Sizilien und benutzte es als Basis, um eine riesige Piratenflotte um sich zu sammeln, die auf römische Kriegs- und Handelsschiffe Jagd machte ★ Brachte Italien an den Rand einer Hungersnot und löste in Rom Aufstände aus, weil er so viele der Schiffe erbeutete, die Getreide nach Italien transportierten ★ Erhielt gegen das Versprechen, seine freibeuterischen Aktivitäten einzustellen, die Kontrolle über Sizilien, Sardinien und Teile von Griechenland, sowie einen Posten als römischer Konsul ★ Nahm die Piraterie wieder auf, da er befand, dass der Teil Griechenlands, den er erhalten hatte, zu klein war ★ Inspirierte die römischen Rivalen Octavian und Marcus Antonius zu einem Waffenstillstand, um gemeinsam das Mittelmeer von ihm zu befreien ★ Besiegte seine ehemaligen Landsleute in zahlreichen Seeschlachten und Gefechten ★ Verlor schließlich 36 v. Chr. seine Flotte gegen den römischen General Marcus Agrippa und floh nach Kleinasien

Spitzname: Großer Patriot
Geboren: Unbekannt
Gestorben: 35 v. Chr. Nach der Gefangennahme durch Antonius' Agenten wurde er hingerichtet und stiftete selbst im Tod noch Unfrieden, indem er Octavian durch seine „illegale" Exekution einen Vorwand lieferte, die Allianz mit Antonius aufzukündigen

DER ERSTE GOLFKRIEG

Irak
Fläche des Landes, das das
umstrittene Gebiet für sich beansprucht:
437 072 Quadratkilometer

Kuwait
Landfläche des umstrittenen Gebiets:
17 818 Quadratkilometer

Australien, Bahrain, Bangladesh, Belgien, Kanada, Tschechoslowakei, Dänemark, Ägypten, Frankreich, Griechenland, Italien, Kuwait, Marokko, Niederlande, Neuseeland, Niger, Norwegen, Oman, Pakistan, Polen, Portugal, Katar, Saudi-Arabien, Senegal, Südkorea, Spanien, Syrien, Türkei, Vereinigte Arabische Emirate, Großbritannien, USA

Gesamte Landfläche der „Koalition" zur Rückeroberung Kuwaits von Irak:
41 784 939 Quadratkilometer

UMSTRITTENE INSELN

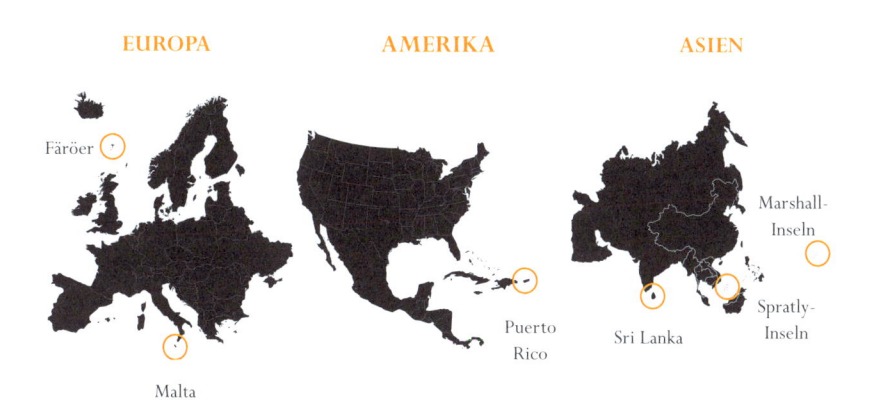

EUROPA **AMERIKA** **ASIEN**

Färöer

Malta

Puerto Rico

Sri Lanka

Marshall-Inseln

Spratly-Inseln

Insel	Beansprucht von
Färöer	Irland, Wikinger, Norwegen, Dänemark, England, territoriale Unabhängigkeit
Malta	Phönizier, Karthager, Rom, Byzanz, Araber, Sizilien-Normannen, Malteser Ritter, England, territoriale Unabhängigkeit
Puerto Rico	Ortiroiden, Igneri, Taino, Spanien, territoriale Unabhängigkeit
Sri Lanka	Veddas, Singhalesen, Tamilen, Portugal, Niederlande, England, tamilische Unabhängigkeitsbewegung und Singhalesen im Bürgerkrieg (1983)
Spratly-Inseln	Nan-Yue-Königreich, China, Vietnam, Frankreich, China, Indonesien, Malaysia, Philippinen, Brunei
Marshall-Inseln	Mikronesien, Spanien, Deutschland, Japan, USA, territoriale Unabhängigkeit

DER KAFFEE KOMMT NACH BRASILIEN
KONFLIKT ERÖFFNET VERFÜHRERISCHEM VERMITTLER TÜR UND TOR

1727 baten Französisch-Guyana und Holländisch-Guyana den portugiesischen Soldaten und Diplomaten Oberstleutnant Francisco de Melo Palheta aus Brasilien, zwischen ihren Staaten zu vermitteln. Die beiden europäischen Kolonien im Nordosten Südamerikas stritten sich seit Jahren um den exakten Verlauf der gemeinsamen Grenze. Ohne dass seine Gastgeber aus Französisch-Guyana davon wussten, reiste Palheta mit einer eigenen, geheimen Agenda zur Friedenskonferenz an – um eine Kaffeepflanze zu stehlen. Damals galten die Franzosen als Weltführer auf dem Wachstumsmarkt des Kaffeeanbaus und verfügten über riesige Plantagen in ihren Kolonien mit warmem Klima, einschließlich Französisch-Guyanas. Aber sie hüteten ihren Schatz eifersüchtig. Die Portugiesen hatten die Franzosen schon oft darum gebeten, ihnen Kaffeepflanzen zu überlassen, um sie in Brasilien zu kultivieren. Aber die Franzosen, die ihre erste Kaffeepflanze selbst erst nach langwierigen Verhandlungen zwischen König Ludwig XIV. und den Holländern erworben hatten, blieben hart. Bei seiner Ankunft in Französisch-Guyana fielen Palheta gleich die starken Sicherheitsvorkehrungen um die Kaffeeplantagen auf, die von Mauern umschlossen waren und von bewaffneten Wächtern patrouilliert wurden. Aber es gelang ihm, die Frau des Gouverneurs von Französisch-Guyana zu verführen, und er unterhielt eine Affäre mit ihr, bis die Grenzstreitigkeiten erfolgreich beigelegt waren. Bei seiner Abreise überreichte sie ihm ein Blumenbukett, offiziell als Geste der Dankbarkeit für seinen diplomatischen Erfolg. Da sie jedoch wusste, dass Palheta eine Kaffeepflanze zu bekommen versuchte, versteckte sie mehrere ungeröstete Kaffeebohnen zwischen den Blumen. Bei seiner Rückkehr nach Brasilien übergab Palheta die Bohnen den Botanikern. Bereits Ende des Jahrhunderts baute Brasilien mehr Kaffee an als jedes andere Land der Welt und erlangte bis zur Mitte des 19. Jahrhunderts praktisch ein Monopol.

Politische Lehre: Nutzen Sie Ihre Chancen weise.

EINEN SCHRITT ZU WEIT GEGANGEN
ANDAUERNDE GRENZSTREITIGKEITEN

Umstrittenes Gebiet	Länder	Status
Das Kloster von David Garedscha	Georgien und Aserbaidschan	Auch nach 15 Jahren Verhandlungen erheben beide Länder weiterhin Anspruch auf den Klosterkomplex auf einem Berggipfel
Teile der Atacama-Region	Bolivien und Chile	Nach dem Salpeterkrieg (1879-83) annektierte Chile einen Teil von Peru, zusammen mit weiten Strecken der Atacama-Wüste. Bolivien beansprucht immer noch den Besitz der Atacama und einen Zugang zum Meer
Die Geyser Bank, ein Riff vor der Küste von Madagaskar, das, außer bei Ebbe, unter der Oberfläche des Indischen Ozeans liegt	Frankreich, Madagaskar und die Komoren	Madagaskar annektierte das Riff 1976, aber Spekulationen über mögliche Offshore-Erdöllager in der Nähe weckten die Begehrlichkeit der beiden anderen Länder
Gibraltar, Spitze der Iberischen Halbinsel	Spanien und Großbritannien	1967 stimmten die Einwohner von Gibraltar mit 12 183 zu 44 dafür, britisches Gebiet zu bleiben, aber die Spanier lassen nicht locker
Imia und Kardak, zwei winzige Inseln in der Ägäis	Türkei und Griechenland	Es besteht zwar ein Waffenstillstand, aber der Besitz der Inselchen bleibt umstritten

KAPITEL 6

MACHTVERFALL
Am Ende der Amtszeit

WIE MAN DER ERMORDUNG DURCH EINEN NINJA ENTGEHT

Wehren Sie fliegende Objekte und Projektile ab.
Benutzen Sie einen Aktenkoffer oder ducken Sie sich hinter das Rednerpult, um den Shuriken (messerscharfe Wurfsterne) oder mit einem Fukiya (Blasrohr) bzw. direkt aus dem Mund des Ninjas abgefeuerten Pfeilen zu entgehen.

Meiden Sie Hände und Füße des Ninjas.
Fuchteln Sie mit einem langen Gegenstand, zum Beispiel einem Mikrophonständer oder einer Fahnenstange herum, um Kakute (Stachelring), Neko-te (eiserne Fingernägel) und Ashiko (Fußklaue) des Ninjas auf Distanz zu halten.

Schaffen Sie Verwirrung.
Werfen Sie dem Ninja lose Papierblätter, Kugelschreiber, Pfefferminzpastillen oder Wahlkampfanstecker ins Gesicht, um ihn zu irritieren und zu behindern. Haben Sie einen Laserzeiger bei sich, richten Sie ihn auf die Augen des Ninjas.

Wegrollen.
Werfen Sie sich zu Boden und rollen Sie sich davon, weg von dem Ninja, damit seine Metsubushi (kleine, mit Sand gefüllte Explosivkörper oder Blendprojektile) über Sie hinwegfliegen.

Fuchteln Sie mit einem Mikrophonständer herum, um Hände und Füße des Ninjas auf Distanz zu halten.

Decken Sie den Ninja zu.
Reißen Sie einen Bühnenvorhang herunter oder zerren Sie ein Tischtuch hervor. Werfen Sie es dem Ninja über den Kopf. Das wird seinen Bewegungsdrang und seine Sicht lange genug einschränken, dass Sie entkommen können.

Rennen Sie.
Versuchen Sie nicht, gegen den Ninja zu kämpfen. Sobald er den Vorteil der Überraschung verloren hat und der erste Angriff vorüber ist, wird er sich aus der Öffentlichkeit zurückziehen.

AUFGEPASST
★ Ninjas verlassen sich auf ihre Fähigkeiten der Tarnung, um ihrem Opfer gegenüber im Vorteil zu sein. Sobald Sie den Ninja entdeckt haben, ist dieser Vorteil zunichte.

★ Vermeiden Sie es, sich bei öffentlichen Auftritten in Bereichen mit gleichförmig dunkler Farbe oder wenig Licht aufzuhalten, denn dort lauern Ninjas bevorzugt.

★ Ninjas können nicht auf dem Wasser wandeln, auch nicht fliegen, durch Wände gehen, ihre Form verändern oder von den Toten wieder auferstehen. Dies alles sind Mythen, die von Ninjas selbst erfunden wurden, um Angst und Schrecken zu verbreiten.

★ Führen Sie eine kleine Dose Haarspray und ein Feuerzeug bei sich, die zusammen wie ein Flammenwerfer funktionieren und sich zur Abwehr eines Ninja-Angriffs eignen.

VEREITELTE ATTENTATSVERSUCHE

wer	Attentatsversuch
Alexander II. Zar von Russland (1855-81)	Überlebte zwischen 1866 und 1881 fünf Attentate
Teddy Roosevelt US-Präsident (1901-09)	Wurde 1912 in die Brust geschossen, doch die Kugel war nicht tödlich, weil sie erst sein stählernes Brillenetui und eine Kopie der Rede durchschlug, die er ein paar Minuten später dann auch hielt – immer noch blutend
Jean Chrétien Kanadischer Premierminister (1993-2003)	Ein mit dem Messer herumfuchtelnder Attentäter tauchte in der Residenz des Premierministers auf, und Chrétien und seine Frau machten sich verteidigungsbereit, bis die Sicherheitskräfte eintrafen
Margaret Thatcher Britische Premierministerin (1979-1990)	Die IRA legte während eines Parteitags der Konservativen in ihrem Hotelzimmer in Brighton, England, eine Bombe. Thatcher war jedoch im Badezimmer und entging so dem Anschlag
Pervez Musharraf Pakistanischer Präsident (2001-2008)	Ein Attentäter feuerte 2007 eine Luftabwehrrakete auf sein Flugzeug ab und verfehlte es nur knapp
Alfred Ernst Albert Prinz von Sachsen-Coburg und Gotha (1844-1900)	In den Rücken geschossen, während er an einem Wohltätigkeits-Picknick teilnahm
Ronald Reagan US-Präsident (1981-89)	Wurde von einem einzelnen Bewaffneten niedergeschossen, während er ein Hotel in Washington DC verließ

ÜBERLEBEN
FIDEL CASTRO ENTGEHT HUNDERTEN VON ANSCHLÄGEN

Da die CIA ein kommunistisches Regime nur 90 Meilen vor ihrer Küste fürchtete, begann sie bereits kurz nach Castros Machtübernahme 1959 mit dem Versuch, den neuen kubanischen Führer zu ermorden. Während der nächsten vier Jahrzehnte unternahm die CIA nach Schätzungen von Castros Sicherheitschef 638 Mordanschläge. Die fehlgeschlagenen Attentate beinhalteten alle erdenklichen Methoden, vom vergifteten Taschentuch bis zur explodierenden Zigarre. Einmal sollte Castro, ein begeisterter Hobbytaucher, sogar mit einer als Molluske getarnten Sprengfalle eliminiert werden, die explodierte, wenn man an ihr vorbei schwamm. 1960 bat die CIA, frustriert von den eigenen Fehlschlägen, die Mafia um Hilfe. Da Castro die lukrativen Spielcasinos des Mobs in Havanna kurz nach seiner Machtübernahme geschlossen hatte, war die Mafia gerne dazu bereit. Doch alle Bemühungen dieser ungewöhnlichen, inoffiziellen und kurzlebigen Allianz scheiterten. Die unermüdliche CIA versuchte zuletzt im Jahr 2000, Castro während einer Ansprache in Panama mit einer explodierenden Rednerbühne zu ermorden. Heute, Mitte 2008, ist Castro immer noch am Leben.

Politische Lehre: Der Feind Ihres Feindes mag Ihr Freund werden, aber nicht für lange.

POLITIK KURZ UND BÜNDIG

Der amerikanische Präsident James Garfield (1880-81) starb beinahe drei Monate, nachdem ihn ein Attentäter angeschossen hatte, an Blutvergiftung. Die Infektion wurde vermutlich durch die Ärzte verursacht, die ihm die Kugel aus der Brust operierten, ohne sich vorher die Hände zu sterilisieren.

DIE SCHLIMMSTEN POLITIKERTODE

Wer	Tod
Sani Abacha Präsident von Nigeria (1993-98)	Starb im Bett mit zwei Prostituierten an einer Überdosis Viagra
Nitaro Ito Kandidat für das japanische Repräsentantenhaus (1979)	Stach sich selbst in den Oberschenkel, um als mutiger Mann, der persönlich einen Angriff auf sich abgewehrt hatte, in die Schlagzeilen zu kommen, traf aber eine Arterie und verblutete
Brahim Déby Ältester Sohn und Chefberater von Präsident Idriss Déby, Tschad (2004-06)	Von Angreifern erstickt, die ihm einen Feuerlöscher in die Kehle entleerten
Edmund II „Eisenseite" König von England (April-November 1016)	Getötet durch einen Attentäter, der sich im Badezimmer versteckt hatte und dann hervorsprang, um ihn auf der Toilette zu erstechen
Friedrich I. Kaiser des Heiligen Römischen Reichs (1155-90)	Ertrank in einem Fluss, als er nach einem langen Marsch ein erfrischendes Bad nehmen wollte, aber leider vergaß, vorher die schwere Rüstung abzulegen
Eduard II König von England (1016)	Verärgert über seine Bisexualität ließ Eduards Frau von ihren Beratern eine lange Stahlstange im Kaminfeuer erhitzen und ihm dann ins Rektum schieben
Große Elefantin Ntombazi Bis 1805 Königin des Ndwande-Stammes	Ntombazi wurde vom Rivalen ihres Sohns, Shaka Zulu, gefangen genommen und zusammen mit einem Rudel Hyänen in ein Haus gesperrt, die sie zerrissen und auffraßen
Sir Billy Snedden Sprecher des australischen Repräsentantenhauses (1976-83)	Starb in einem Motel an einer Herzattacke, als er gerade Sex mit der Freundin seines Sohnes hatte

WIE MAN SEINE MEMOIREN ZUM BESTSELLER MACHT

Entscheiden Sie, welche Ihrer Geheimnisse sich am besten verkaufen.
Blicken Sie auf Ihre politische Karriere zurück und ziehen sie Bilanz aus allen sensiblen, geheimen, privaten oder skandalträchtigen Informationen und Ereignissen, von denen Sie Kenntnis haben oder an denen Sie beteiligt waren. Wägen Sie ab zwischen Publikumsinteresse und der Gefahr, dass Ihr Ruf oder Ihr Vermächtnis unverhältnismäßig beschädigt werden könnten. Setzten Sie diese Skandale und Enthüllungen zur publikumsträchtigen Vermarktung Ihrer Memoiren ein.

Begleichen Sie alte Rechnungen.
Politische Memoiren nach einer langen Karriere im Dienste der Öffentlichkeit sind eine ideale Plattform, um alte Rechnungen zu begleichen und jenen eins auszuwischen, mit denen man im Amt kollegialen Umgang zu pflegen gezwungen war, die man aber jetzt nach Herzenslust schlechtmachen kann. Die menschliche Natur mit ihrem universellen Interesse an Klatsch und Konflikten sorgt dann schon dafür, dass das Buch die verdiente Aufmerksamkeit erhält.

Überwundene Schwierigkeiten
Beginnen Sie Ihre Memoiren mit Geschichten darüber, wie Sie schwierige Anfänge und mannigfaltige Hindernisse überwunden haben, um zu Rang und Ansehen zu gelangen. Falls Sie nie mit Widerständen zu kämpfen hatten, erwähnen Sie die Not, die Ihre Eltern, Großeltern oder sonstige Vorfahren leiden mussten. Zeichnen Sie sich als einen Menschen, der aus dieser Mühsal wertvolle Lehren gezogen hat.

Setzen sie Ihre Wahlkampftalente ein, um Werbung für Ihre Memoiren zu machen.

KAPITEL 6: MACHTVERFALL 215

Verbuchen Sie Erfolge auf Ihr Konto.
Beanspruchen Sie alle positiven Ereignisse während Ihrer Amtszeit für sich und führen Sie sie auf Ihr Eingreifen oder bewusstes Nicht-Handeln zurück. Verbuchen Sie auch negative Ereignisse, die ausgeblieben sind, für sich.

Nennen Sie Versager beim Namen.
Listen Sie persönliche, politische, nationale und internationale Fehlschläge und Enttäuschungen während Ihrer Amtszeit auf und lasten Sie sie Ihren politischen Gegnern an.

Optimieren Sie den Zeitpunkt des Erscheinens.
Hängen Sie sich an aktuelle Ereignisse an, zum Beispiel bevorstehende Wahlen, vor allem, wenn sie negative Enthüllungen über einen der Kandidaten planen. Das wird zahlreiche Besprechungen nach sich ziehen und die Verkaufszahlen Ihres Buchs in die Höhe schnellen lassen.

Lassen Sie saftige Details durchsickern.
Suchen Sie sich ein paar skandalöse Details oder Behauptungen aus und geben Sie sie kurz vor der Veröffentlichung an die Medien.

Sorgen Sie für einen umfangreichen Index.
Die Leute kaufen das Buch, wenn Sie denken, sie würden darin erwähnt.

Rühren Sie die Werbetrommel.
Greifen Sie auf die in vielen Wahlkämpfen erworbenen Fertigkeiten zurück, um das Buch zu verkaufen. Versprechen Sie mehr, als Sie zu halten gedenken, genau wie im Wahlkampf.

ÜBERARBEITETER LEBENSLAUF
RASSISTISCHER POLITIKER ÄNDERT RASSE UND WIRD ERFOLGSAUTOR

Achtzehn Jahre, bevor er zum berühmten indianischen Kinderbuchautor wurde, kandidierte der Kaukasier Asa Earl Carter 1958 für eine rassistische Wählerschaft, welche die Überlegenheit der weißen Rasse propagierte, als Vizegouverneur von Alabama. Er wurde zwar Letzter, aber sein rhetorisches Talent verschaffte ihm einen Job als Redenschreiber für George Wallace, der Carters berühmtes „Rassentrennung jetzt! Rassentrennung morgen! Rassentrennung für immer!" bei seiner Amtseinführung als Gouverneur von Alabama 1963 in die Welt hinausschrie. Aber als Wallace nach der Präsidentschaft zu schielen begann, warf Carter ihm vor, den Kontakt mit seiner Wählerschaft in Alabama zu verlieren. Carter trat 1970 mit dem Versprechen, die Rassengleichheit in Alabama wieder abzuschaffen, gegen Wallace an, erhielt aber nur zwei Prozent der Stimmen. 1973 zog er dann nach Florida, wo er sich eine tiefe Bräune und eine neue rassische Identität zulegte. Der Prediger der weißen Vorherrschaft mutierte zu „Forrest" Carter, der behauptete, ein indianischer Geschichtenerzähler zu sein. Carter, der beim Schreiben ständig eine Flasche Whiskey und einen geladenen Revolver neben der Schreibmaschine hatte, schrieb in *Stern der Cherokee* seine angeblichen „Kindheitserinnerungen" nieder, in denen er schildert, wie seine Cherokee-Großeltern und ein freundlicher jüdischer Nachbar ihn lehrten, in Harmonie mit der Natur und anderen Menschen zu leben. Das Buch erschien 1976 und wurde mit überschwänglichen Kritiken bedacht. Später im Jahr veröffentlichte die *New York Times* dann einen Bericht über Carters rassistische politische Karriere und seine wahre Familiengeschichte. Daraufhin begann Carter noch stärker zu trinken und erstickte schließlich 1979 nach einer Rauferei mit seinem Sohn betrunken an seinem eigenen Erbrochenen.

Politische Lehre: Sobald Sie für ein Amt kandidieren, geht Ihr Privatleben in öffentliche Hände über.

JOBS NACH DER POLITIK

Wer	Amt	Späterer job
Ray Blanton	Gouverneur von Tennessee (1975-79)	Gebrauchtwagenhändler
Zafarullah Khan Jamali	Premierminister von Pakistan (2002-04)	Vorsitzender des pakistanischen Hockeyverbands
Cincinnatus	Römischer Diktator (5. Jh. v. Chr.)	Bauer
Jerry Springer	Bürgermeister von Cincinnati (1977-82)	Moderator einer Nachmittags-Talkshow
Chandragupta Maurya	Gründer und Herrscher der Maurya-Dynastie in Indien (322-297 v. Chr.)	Eremit, der in seiner Höhle beim Meditieren verhungerte
Michail Gorbatschow	Führer der Sowjetunion (1985-91)	Sprecher für Pizza Hut und Louis Vuitton-Handtaschen
Valentine Strasser	Diktator von Sierra Leone (1992-96)	Arbeitslos, lebt bei seiner Mutter

WIE MAN SEIN VERMÄCHTNIS VERWALTET

Verwandte in Machtpositionen bringen.
Sorgen Sie dafür, dass Familienmitglieder und andere Verwandte nach Ihrem Rücktritt Ihre eigene und andere Machtpositionen einnehmen, sowohl um Ihre Agenda weiterzuverfolgen als auch um Ihren Ruf zu schützen und aufzupolieren.

Statuen nach dem eigenen Ebenbild.
Sorgen Sie für die nötigen Haushaltsmittel, um Statuen und Skulpturen Ihrer selbst zu errichten und sie an historisch bedeutsamen und sonstigen strategisch wichtigen Orten aufzustellen. Zumindest einige davon sollten Sie auch hoch zu Ross zeigen.

Geben Sie Briefmarken und Münzen mit Ihrem Porträt heraus.
Ersetzen Sie das Bild auf einem aktuellen Geldschein oder Geldstück oder geben Sie einen neuen Wert heraus, der Ihr Porträt in einem heroischen Kontext zeigt. Achten Sie darauf, keinen allzu niedrigen Wert zu wählen, damit man Sie nicht für „billig" hält, aber auch keinen so hohen Wert, dass die Leute den Schein kaum je zu Gesicht bekommen. Geben Sie Briefmarken mit einem ähnlichen Porträt Ihrer selbst heraus.

Gründen Sie ein Museum und eine Bibliothek, die Ihrem Leben und Werk gewidmet sind.
Zweigen Sie Haushaltsmittel für den Bau eines monumentalen Museums- und Bibliothekskomplexes zur Würdigung Ihres Lebenswerks ab, zentral gelegen im beliebtesten und historisch bedeutsamsten Park der Hauptstadt. Bringen Sie nicht-belastende Papiere dort unter und aussagekräftige persönliche Gegenstände.

Benennen Sie Straßen, Parks und Flughäfen nach sich.

Umbenennen alltäglicher Orte und Dinge.
Verbinden Sie Ihren Namen mit Straßen, Parks, Schulen, Brücken, Flughäfen, Städten, Hunderassen, Blumensorten, typischen Cocktails oder einem Wochentag.

Schaffen Sie einen Feiertag mit Ihrem Namen.
Verkünden Sie, dass Ihr Geburtstag jetzt ein Nationalfeiertag ist. Geben Sie allen einen Tag frei.

Ernennen Sie sich zum „Ewigen Führer".
Verleihen Sie sich einen Ehrentitel, der ausschließlich für Sie reserviert ist und eine Stufe über dem Amt rangiert, das Sie gerade abgeben.

POLITIK KURZ UND BÜNDIG

Nach seinem Sturz wurde Jean-Bédel Bokassa, Herrscher des Zentralafrikanischen Kaiserreichs von 1976 bis 1979, wegen Mordes, Korruption, Hochverrats und Kannibalismus vor Gericht gestellt. Die Anklage beruhte zum Teil auf einem Vorfall, bei dem hundert Schulkinder getötet und anschließend aufgegessen wurden, weil sie sich gegen den Erlass wehrten, teure Schuluniformen von Bokassas Regierung kaufen zu müssen. Bokassa starb 1996 im Gefängnis.

KÜRZESTE AMTS-/REGIERUNGSZEITEN

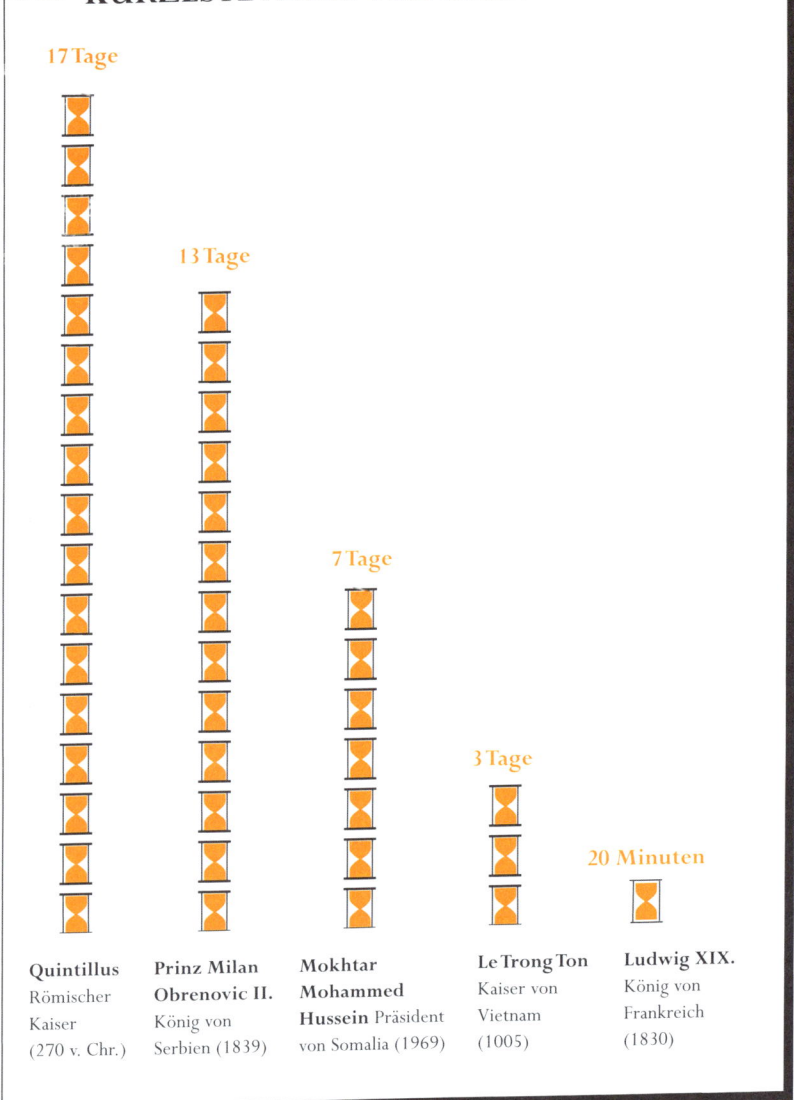

17 Tage

13 Tage

7 Tage

3 Tage

20 Minuten

Quintillus Römischer Kaiser (270 v. Chr.)

Prinz Milan Obrenovic II. König von Serbien (1839)

Mokhtar Mohammed Hussein Präsident von Somalia (1969)

Le Trong Ton Kaiser von Vietnam (1005)

Ludwig XIX. König von Frankreich (1830)

EIN UNGEWÖHNLICHER KANAL
WIE PANAMA EIN LAND WURDE UND EINEN KANAL BEKAM

1884 wurde Phillippe Jean Bunau-Varilla von der Panamakanal-Gesellschaft als Ingenieur eingestellt, manövrierte sich jedoch innerhalb weniger Monate an die Spitze der Organisation. Die Gesellschaft versuchte, einen Kanal durch Mittelamerika zu bauen, der den Seeweg zwischen atlantischem und pazifischem Ozean um 13 000 Kilometer verkürzen sollte. Aber unter Bunau-Varillas Leitung war die Firma nach nur drei Jahren aufgrund massiver Betrügereien und Misswirtschaft bankrott. Die Auffanggesellschaft, die Bunau-Varilla gründete, stand auch bald kurz vor dem Abgrund. Da wandte er sich an die Vereinigten Staaten, die ihren eigenen Kanal durch Nicaragua bauen wollten. Bunau-Varilla begann gegen Nicaragua zu agitieren und schickte jedem einzelnen US-Senator eine Postkarte mit einem Foto von Nicaraguas Vulkan Momotombo, der in der Nähe des Kanalvorhabens Feuer spie. Auf diese Weise von Nicaraguas geologischer Instabilität überzeugt, stimmte der US-Senat 1902 dafür, den Isthmus von Panama zur ersten Wahl für den Kanalbau zu erklären und stellte über 800 Millionen Dollar dafür bereit. Aber der Isthmus von Panama gehörte immer noch Kolumbien, das sich weigerte, ihn von den USA als Kanal benutzen zu lassen. Also schmiedete Bunau-Varilla Pläne für einen panamesischen Unabhängigkeitskrieg, komplett mit eigener Flagge und Verfassung. Er überredete Präsident Roosevelt, ein amerikanisches Kriegsschiff zu schicken, damit die kolumbianische Marine keine Soldaten nach Panama verlegen konnte, und startete dann seine „Revolution" – die hauptsächlich aus Bunau-Varilla und ein paar Kumpanen bestand, die in einem Feuerwehrlaster über die Hauptstraße der neuen Landeshauptstadt rollten. Bunau-Varilla reiste dann persönlich nach Washington, um den USA die Kontrolle über die Panamakanalzone abzutreten. Anschließend kehrte er nach Frankreich zurück, und die USA bauten innerhalb des nächsten Jahrzehnts ihren Kanal.

Politische Lehre: Unterschätzen Sie nie die Macht der Hartnäckigkeit.

POLITISCHE EHRUNGEN

Wer	Ehrungen
Tamerlan Gründer der Timuriden-Dynastie (1336-1405)	Eine Pyramide aus den Schädeln von 70 000 Kriegsgefangenen, die er hatte enthaupten lassen
Woodrow Wilson und Grover Cleveland US-Präsidenten (1913-21, 1885-89 und 1893-97)	Rastplätze an der New-Jersey-Schnellstraße
Leopold II. König von Belgien (1865-1909)	Die belgischen Massen begleiteten Leopolds Leichenzug mit Buhrufen
Elagabal Römischer Kaiser (222-218 v. Chr.)	Gigantische Statue seines Phallus in Rom
Saparmyrat Nyyazow Staats- und Regierungschef von Turkmenistan (1992-2006)	Neue Melonensorte
Susan B. Anthony Amerikanische politische Aktivistin des 19. Jh.	Eindollarmünze. Das Design war so unbeliebt, dass die staatliche Münze ein Jahr nach der Erstausgabe die Produktion einstellte
Eva Perón First Lady von Argentinien (1946-52)	Ehemann Juan Perón ließ ihren Leichnam einbalsamieren und setzte ihn bei Partys und Mahlzeiten mit an den Tisch
Victor Emanuel II. Erster König des vereinigten Italiens (1861-78)	Riesiges Bauwerk in Rom, dessen seltsame Form und grell weiße Farbe die Einheimischen zu dem Spitznamen „Das Gebiss" inspirierte

ER HAT ES JA SO GEWOLLT
VON NAZI DER ERSTEN STUNDE BEFÜRWORTETE BRÜCKE HILFT DEN ALLIIERTEN, HITLER NIEDERZUWERFEN

Der hochangesehene deutsche General Erich Ludendorff drängte auf den Bau einer (dann auch nach ihm benannten) Brücke über den Rhein bei Remagen, die im Ersten Weltkrieg den Transport von Soldaten und Nachschub an die deutsche Westfront in Frankreich erleichtern sollte. Nach dem Krieg wurde Ludendorff frühzeitig ein Gefolgsmann Hitlers. Die Unterstützung des beliebten Generals half mit, die Nazipartei und den späteren deutschen Diktator zu legitimieren. Ludendorff war auch an dem berüchtigten Putsch von 1923 beteiligt, dem Sturm auf die Feldherrnhalle, Hitlers erstem Versuch, die Macht in Deutschland zu ergreifen. Später zog er sich jedoch, von Hitler enttäuscht, bis zu seinem Tod 1937 aus dem öffentlichen Leben zurück. Als 1945 die Truppen der Alliierten von Westen Richtung Deutschland marschierten, befahl Hitler, alle Brücken über den Rhein zu sprengen. Aber wegen nicht funktionierender Zünder blieb die Ludendorff-Brücke bei Remagen stehen. Die amerikanischen Streitkräfte setzten alles daran, diese letzte Verbindung über den Rhein nach Deutschland einzunehmen, was ihnen nach heftigem Kampf auch gelang. Die Brücke erwies sich von unschätzbarem Wert, und alliierte Soldaten, Panzer und Nachschub konnten nach Deutschland einfallen. Mit den Alliierten im Nacken war die deutsche Armee nicht in der Lage, sich zu reorganisieren und blieb auf dem Rückzug. Drei Wochen nach der Schlacht stürzte die schwer beschädigte Ludendorff-Brücke ein. Aber bis dahin hatten die Alliierten mit ihrer Hilfe bereits eine neue Brücke gebaut, sodass der Strom von Material und Soldaten nicht abriss, der den deutschen Rückzug beschleunigte und wenige Monate später den Zusammenbruch der Naziregierung zur Folge hatte.

Politische Lehre: Manchmal sollte man ganz sichergehen, alle Brücken hinter sich abzubrechen.

WIE MAN EINEN PANZER FÄHRT

1. Studieren Sie das Gelände.
Sehen Sie sich die unmittelbare Umgebung gut an, bevor Sie in den Panzer steigen, denn wenn Sie erst einmal drin sind, ist Ihr Blickfeld eingeschränkt. Prägen Sie sich Hindernisse, unsicheren Untergrund und steile Hänge oder Ufer ein, an denen sich das Fahrzeug überschlagen könnte.

2. Besteigen Sie den Panzer.
Benutzen Sie die Trittstufe, die die meisten Panzer an der linken Seite haben, um auf das Vorderteil zu steigen. Machen Sie die Einstiegsluke für den Fahrer unterhalb des Turms ausfindig. Schwingen Sie die Luke auf und arretieren Sie sie in der „Offen"-Stellung. Klettern Sie hinein. Schließen Sie die Luke und versperren Sie sie hinter sich.

3. Setzen Sie sich.
Der Fahrersitz in der Mitte ist wie ein Zahnarztstuhl nach hinten gekippt, um die niedrige Deckenhöhe des Fahrerstands auszugleichen. Passen Sie Neigung und Höhe an, bis Sie bequem sitzen, durch die Periskope direkt vor Ihrem Sitz sehen und die Kontrollen erreichen können.

4. Identifizieren Sie die Anzeigen und Instrumente.
Die Hauptsteuerkonsole liegt rechts von Ihnen und die Instrumententafel links. Auf dieser erkennen Sie die Treibstoffanzeige und andere Instrumente, während an der Steuerkonsole die Schalter und Knöpfe angebracht sind, die man benötigt, um Motoren, Lüfter und anderen Systeme des Panzers zu steuern. Steuerelemente und Instrumente sind eindeutig gekennzeichnet. Der Schalthebel liegt über der Steuersäule vor Ihnen.

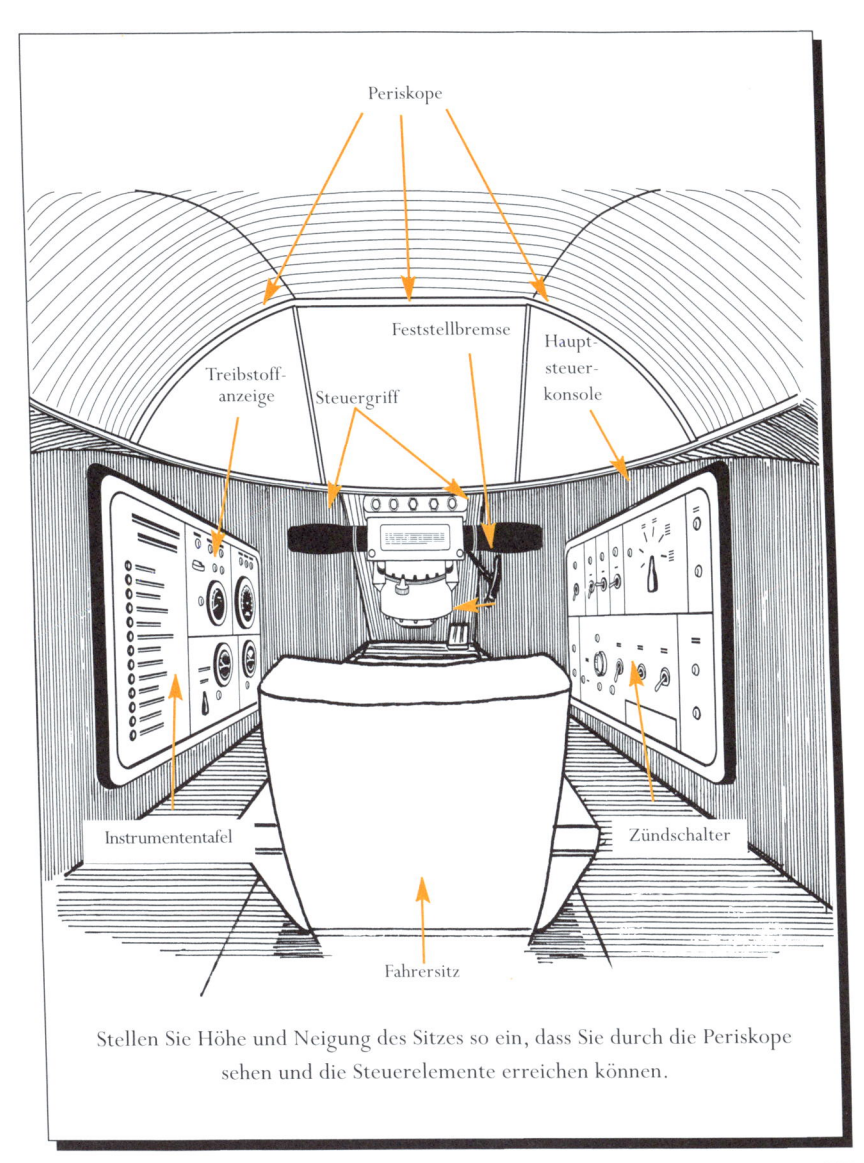

Periskope

Feststellbremse

Haupt-steuer-konsole

Treibstoffanzeige

Steuergriff

Instrumententafel

Zündschalter

Fahrersitz

Stellen Sie Höhe und Neigung des Sitzes so ein, dass Sie durch die Periskope sehen und die Steuerelemente erreichen können.

KAPITEL 6: MACHTVERFALL

5. Überprüfen Sie den Treibstoffstand.

Betrachten Sie die Kraftstoffanzeige zu Ihrer Linken, um zu entscheiden, ob Sie genügend Treibstoff haben, um den Panzer zu starten und Ihr Ziel zu erreichen. Der Verbrauch des Panzers wird in Litern pro Kilometer gemessen. Allein um den Motor zu starten, brauchen Sie 38 Liter, und ungefähr fünf Liter pro Kilometer, wenn Sie in Fahrt sind. Mit vollem Tank kommen Sie etwa 480 Kilometer weit.

6. Lassen Sie den Panzer an.

Stellen Sie den Zündschalter links unten an der Steuerkonsole auf „Ein". Der Motor muss etwa drei bis fünf Minuten lang warmlaufen. Das können Sie abkürzen, indem Sie die Drehzahl erhöhen. Dazu müssen Sie den rechten Steuergriff nach hinten drehen, genau, wie man bei einem Motorrad Gas gibt.

7. Testen Sie die Periskope.

Das Sichtsystem des Fahrers besteht aus drei Periskopen, die wie Windschutzscheiben aussehen. Die beiden an den Seiten zeigen Ihnen das Gelände vor dem Panzer und links und rechts davon, sodass Sie ein Gesichtsfeld von etwa 120 Grad haben. Zwischen diesen beiden Periskopen sehen Sie ein weiteres, bildverstärkendes Periskop, das direkt nach vorne blickt und zum Fahren bei Nacht oder durch Rauch- und Staubschwaden benutzt wird.

8. Lösen Sie die Feststellbremse

Die Feststellbremse liegt rechts von Ihrer Steuersäule. Ziehen Sie an dem schwarzen T-förmigen Handgriff, drehen Sie ihn und schieben Sie ihn hinein, um die Handbremse zu lösen.

9. Legen Sie den Gang ein.
Ziehen Sie den silbernen Getriebewahlknopf oberhalb der Steuersäule heraus und schieben Sie ihn in die D-Stellung (Fahrt).

10. Fahren Sie langsam an.
Manche Panzer beschleunigen in weniger als zehn Sekunden von Null auf 70 km/h. Drehen Sie den Gasgriff sanft nach hinten, um anzufahren, und geben Sie erst mehr Gas, wenn Sie sich mit dem Panzer bei höheren Geschwindigkeiten vertraut gemacht haben.

11. Lenken.
Fahren Sie den Panzer wie ein Fahrrad, Schneemobil oder Motorrad, indem Sie die Lenkstange an der Steuersäule nach links und rechts drehen.

12. Lauschen Sie auf die Kettengeräusche.
Die Ketten des Panzers können durch Schmutz unbrauchbar werden. Wenn der Panzer nicht mehr sofort auf Steuerimpulse reagiert, kann es sein, dass Schlamm, Sand oder irgendeine andere Substanz sich auf Ihren Ketten festgesetzt hat, was möglicherweise dazu führt, dass diese von den Antriebsrädern springen und der Panzer mehr oder weniger bewegungsunfähig wird. Normalerweise wird eine solche Verschmutzung von knallenden Geräuschen begleitet. Fahren Sie den Panzer geradeaus über eine ebene Fläche, bis das Knallen aufhört, woran Sie merken, dass die Ketten sich selbst gereinigt haben.

AUSLÖSER VON REVOLUTIONEN

Revolution	Hintergrund	Auslöser
Französische Revolution (1789)	Weitverbreitete Armut und königliche Dekadenz; Inkompetenz König Ludwigs XVI.	Ludwig feuerte Finanzminister Jacques Necker, nachdem dieser ihm vorschlug, seine verschwenderischen Ausgaben etwas einzuschränken
Russische Februarrevoltion (1917)	Unter dem 1. Weltkrieg leidende Bevölkerung, verbreitete Armut und Unterdrückung	Hausfrauen in Petrograd lösten Tumulte aus, weil sie wegen der Brotknappheit in langen Schlangen anstehen mussten
Der große jüdische Aufstand (70-66 v. Chr.)	Römische Unterdrückung der Juden während der Besetzung Judäas	Der römische Statthalter Gessius Florus forderte einen Teil des Jerusalemer Tempelschatzes
Norfolk-Rebellion (1549)	Schwelende Konflikte zwischen den Katholiken in England wegen theologischer Umwälzungen während der englischen Reformation	Einführung einer neuen Version des Gebetbuchs
Der erste serbische Aufstand (1804-13)	Serbische Unabhängigkeitsbestrebungen nach drei Jahrhunderten osmanischer sowie kurzzeitig österreichungarischer Besetzung	Die Osmanen exekutierten serbische Dorfälteste, die eine Revolution planten, und lösten damit unter der Bevölkerung einen nicht geplanten Aufstand aus

MUSIK BESÄNFTIGT DAS TIER IM MENSCHEN
MIT PAUL ANKAS HILFE KANN EIN PUTSCHVERSUCH AUF DEN PHILIPPINEN VEREITELT WERDEN

Corazón Aquino hoffte, auf den Philippinen eine neue, volksnahe Ära einzuläuten, als sie 1986 den korrupten Autokraten Ferdinand Marcos als Präsident ablöste. Aber Marcos' alte Kumpane und Seilschaften innerhalb des Militärs organisierten blutige Anti-Aquino-Demonstrationen, beinahe tägliche Rücktrittsforderungen und eine Reihe von Putschversuchen. Aquino wollte das Land und ihre Position stabilisieren, indem sie im Februar 1987 eine Volksabstimmung über eine neue Verfassung anberaumte. Ein paar Tage vor der Wahl übernahmen 250 meuternde Armeeoffiziere Channel 7, eine Fernseh- und Rundfunkstation in einem Vorort Manilas. Sie begannen, Aufrufe zu einem Volksaufstand gegen Aquino auszustrahlen. Mehr als tausend Aquino-treue Soldaten umstellten das Gebäude, schreckten aber vor einem Sturmangriff zurück. Sie befürchteten, eine Attacke würde die Aufständischen nur zu Märtyrern für die Anti-Aquino-Fraktion machen und das Militär weiter spalten. Um die Spannung zu mildern und für Harmonie zu sorgen, stellten Aquinos Streitkräfte Dutzende von Verstärkern um Channel 7 auf. Dann beschallten sie die Rebellen mit sentimentaler Popmusik, einschließlich einer gehörigen Dosis Paul Anka, dessen Song „Oh, What A Lonely Boy" wieder und wieder auf höchster Lautstärke gespielt wurde. Nach drei Tagen legten die Rebellen die Waffen nieder und ergaben sich, überwältigt von ihren positiven Gefühlen. Sie brachten ein „Dreifaches Hoch" auf die Demokratie aus und tauschten mit Aquinos Soldaten Glückwünsche aus. Die neue Verfassung wurde mit großer Mehrheit angenommen. Corazón Aquino blieb Präsidentin der Philippinen, bis sie 1992 aus freien Stücken zurücktrat.

Politische Lehre: Werfen Sie die alten Vinylscheiben nicht weg.

WHO'S WHO DER ALLERSCHLIMMSTEN

JAN BEUCKELSZOON
REVOLUTIONÄR

Missetaten: Nutzte eine Gastpredigt als Wiedertäufer in Münster, um die Bürger so aufzuhetzen, dass sie auf der Stelle die kirchlichen und zivilen Autoritäten der Stadt stürzten ★ Rannte drei Tage lang nackt durch die Straßen und erklärte sich dann zu König Jan, Herrscher von Neu-Zion und der ganzen Welt ★ Verbrannte Kunstwerke und alle Bücher außer der Bibel, während er Privateigentum beschlagnahmte und eine Art Kommune ausrief, in der alle Güter und alles Land geteilt wurden, nachdem er die Sahnestücke für sich selbst abgezweigt hatte ★ Befahl allen ledigen Weibern, polygame Ehen einzugehen, und nahm sich dann selbst fünfzehn Frauen ★ Führte eine neue, strenge Gesetzgebung ein, die jeden, sogar Kinder, selbst für kleinere Sünden wie Lügen oder Widerrede mit dem Tod bestrafte ★ Köpfte eine seiner Frauen, weil sie ihm gegenüber vorlaut war, und zwang dann die anderen, zur Feier um den Leichnam zu tanzen ★ Verursachte eine Hungersnot, die seine Untertanen zwang, Ratten, Insekten, Gras, Leder und sich gegenseitig aufzuessen, während er selbst weiter in Saus und Braus lebte ★ Wurde schließlich gefangen genommen und vor seiner Hinrichtung sechs Monate lang gefoltert, dann hängte man seine Leiche in einem Käfig an einem Turm in Münster auf, wo sie fünfzig Jahre lang verfaulen sollte (der Käfig hängt noch) ★ Martin Luther war so entsetzt, dass er seine pazifistischen Grundsätze über Bord warf und die gewaltsame Niederwerfung und Exekution Jan Beuckelszoons und all seiner Gefolgsleuten forderte.

Geboren: 1509 in Leiden, Niederlande
Gestorben: 1536
Spitzname: Jan van Leiden
Ausbildung: Schneider

WIE MAN SICH IM GEFÄNGNIS FIT HÄLT
MENTALE FITNESS

Die Gegebenheiten akzeptieren.
Machen Sie sich von Anfang an klar, dass das Gefängnis Sie von vielen Ihrer fundamentalen psychologischen Bedürfnisse abschneiden wird, etwa Privatsphäre und Freiheit. Gewöhnen Sie sich daran, statt immer frustrierter und wütender zu werden oder sich Illusionen hinzugeben.

Freunden Sie sich mit den Wärtern an.
Zeigen Sie sich von Ihrer besten Seite und gehorchen Sie Befehlen. Lassen Sie sich nicht dazu verleiten, zurückzuschlagen, wenn man Sie reizt. Bauen Sie die Beziehung langsam auf. Wärter können sehr wertvoll sein, was Informationen über die Außenwelt anbelangt, außerdem haben Sie dann jemanden, mit dem Sie reden können.

Machen Sie Gehirntraining.
Lesen Sie so viel weiterbildendes Material wie möglich. Konzentrieren Sie sich darauf, neues Wissen und neue Fähigkeiten zu erwerben. Hindert man Sie am Zugang zu Lesestoff, beschäftigen Sie sich regelmäßig mit mentalen Übungen. Rezitieren Sie das kleine Einmaleins und erweitern Sie es nach oben. Führen Sie komplizierte Divisionen im Kopf aus. Schreiben Sie Briefe und Gedichte. Stellen Sie Listen von Ereignissen und Personen aus Ihrer Kindheit zusammen. Befassen Sie sich mit wichtigen Themen und argumentieren sie für die Pro- und Kontra-Seite. Spielen Sie Memory mit einem Stapel Karten.

Trainieren Sie ein oder zwei Mal täglich, immer um die gleiche Zeit.

Machen Sie Musik.
Pfeifen Sie, singen Sie, trommeln Sie oder befassen Sie sich mit irgend einer anderen musikalischen Tätigkeit. Komponieren und spielen Sie Songs mit allen Instrumenten, die Sie improvisieren können, zum Beispiel mit den Gitterstäben als Schlagzeug.

Meditieren Sie.
Nutzen Sie die langen Perioden der Inaktivität und Langeweile im Gefängnis zum Meditieren. Schließen Sie die Augen. Atmen Sie tief und regelmäßig. Leeren Sie Ihren Geist und versuchen Sie, an gar nichts zu denken, oder konzentrieren Sie sich auf ein einzelnes Bild oder eine einzige Idee. Machen Sie sich das zur Gewohnheit.

Planen Sie Ihre Zukunft.
Überlegen Sie sich, was Sie tun werden, wenn Sie aus dem Gefängnis kommen. Listen Sie Ihre Ziele für die Zeit nach dem Gefängnis auf und was dafür zu tun ist. Fügen sie jedes Mal mehr Details hinzu.

KÖRPERLICHE FITNESS
Entwickeln Sie eine gewisse Routine.
Trainieren Sie täglich ein oder zwei Mal um die gleiche Zeit. Eine Stunde vor den Mahlzeiten ist ideal, damit Ihre Muskulatur durch das Essen wieder Energie tanken kann.

Beschäftigen Sie sich mit kardiovaskulären Aktivitäten.
Nutzen Sie den Sportplatz des Gefängnisses oder andere Möglichkeiten zum Ausdauertraining. Sollte Ihr Bewegungsspielraum sich auf eine kleine Zelle beschränken, laufen Sie auf der Stelle, springen Sie auf und ab oder tanzen Sie wie wild. So wärmen Sie Ihre Muskeln für Kraftübungen auf und kräftigen Herz und Lunge.

Pritschenklimmzüge.

Packen Sie fest von unten das Ende des metallenen Gestells des oberen Betts in Ihrer Zelle. Heben Sie die Beine an, sodass Sie in der Luft hängen, dann ziehen Sie sich mit dem Kinn über die Stange, indem Sie Schulter-, Arm- und obere Rückenmuskulatur einsetzen.

Übungen am Gitter.

Packen Sie eine Stange des Zellengitters, eine Hand über der anderen, während sie eine Armeslänge entfernt stehen. Ziehen Sie sich mithilfe der oberen Rückenmuskulatur langsam ans Gitter heran und kehren Sie wieder in die ursprüngliche Position zurück. Wechseln Sie die Position der Hände und führen Sie eine zweite Übungsreihe durch.

Kniebeugen mit dem Zellengenossen.

Bitten Sie Ihren Zellengenossen, sich auf Ihre Schultern zu setzen, während Sie Kniebeugen machen. Nur maximal soweit abhocken, dass die Oberschenkel sich parallel zum Boden befinden, um die Beine nicht zu überlasten. Sollten Sie in Einzelhaft sitzen, nehmen Sie den nächstbesten schweren Gegenstand auf die Schultern oder machen Sie einfach mehr normale Kniebeugen.

Überhängende Sit-ups.

Legen Sie sich so aufs Bett, das die obere Hälfte Ihres Körpers über den Rand der Matratze hinausragt. Machen Sie eine Reihe von Sit-ups unter Betonung des Unterbauchs. Dann legen Sie sich flach auf dem Rücken aufs Bett und ziehen die Knie langsam bis zur Brust hoch, um den oberen Teil der Bauchmuskulatur zu trainieren.

Liegestützen an Boden und Wand.

Machen Sie eine Anzahl von Liegestützen auf dem Boden und konzentrieren Sie sich dabei auf Brust-, Schulter- und Armmuskeln. Dann stehen Sie auf und lehnen sich im 45-Grad-Winkel gegen die Wand und machen in dieser Haltung weitere Liegestützen. Die schrägen Liegestützen eignen sich dafür, den oberen Teil Ihrer Brustmuskulatur zu entwickeln.

Übung mit dem Handtuchexpander.

Halten Sie ein zusammengerolltes Duschhandtuch oder eine Decke mit beiden Händen in Brusthöhe und versuchen Sie es mit Brust- und Schultermuskulatur auseinanderzuziehen.

POLITIK KURZ UND BÜNDIG

1974 stellte der ugandische Diktator Idi Amin 138 französische Touristen in einem Hotel unter bewaffnete Militäraufsicht, um den französischen Filmemacher Barbet Schroeder dazu zu bewegen, zweieinhalb Minuten „unschmeichelhaften" Materials aus seiner Dokumentation *Idi Amin Dada* herauszuschneiden. Amin, ein früherer Armeeoffizier, der während seiner Herrschaft von 1971 bis 79 schätzungsweise 300 000 Menschen exekutieren ließ, griff zu dieser Maßnahme, als er davon erfuhr, dass das Filmpublikum in Paris ihn auslachte. Nachdem Amin Dutzende der Geiseln gezwungen hatte, bei dem Filmemacher in Frankreich anzurufen und ihn anzuflehen, seinen Film nach Amins Wünschen umzuschneiden, fügte sich Schroeder dem Willen des Diktators.

DUMM GELAUFEN
KURZE GLÜCKSSTRÄHNE EINES HERRSCHERS MÜNDET IN EIN LEBEN IN FURCHTBAREM ELEND

Gleich nach seiner Geburt im Jahr 1740 ernannt seine Großtante, die amtierende Zarin Anna Iwanowna, Iwan Antonowitsch zum rechtmäßigen Thronfolger. Als Anna zwei Monate später an Nierenversagen starb, wurde er als Iwan VI. Zar von Russland. Aber nur ein Jahr nach der Thronbesteigung stürzte ihn Elisabeth, die Tochter Peters des Großen, vom Thron. Obwohl er noch 22 Jahre lebte, verbrachte Iwan VI. keine Sekunde mehr als Zar oder auch nur als freier Mann. Da Elisabeth fürchtete, ihre Feinde könnten sich seiner bedienen, um sie zu stürzen, verbannte sie ihn erst mit seiner Familie nach Sibirien und setzte ihn dann in Einzelhaft auf einer Festung in der Newa fest. Iwan wurde in einen dunklen, fensterlosen Raum gesperrt und durfte nicht einmal mit den Wächtern sprechen, die seine Identität nicht kannten. 1762 starb Elisabeth, und Peter III. folgte ihr auf dem Thron. Der neue Monarch suchte Iwan in der Absicht im Gefängnis auf, ihn zu seinem Nachfolger zu ernennen. Aber Iwan war inzwischen verrückt geworden und erzählte Peter, dass er gar nicht Iwan sei, sondern lediglich ein Surrogat, das Iwans Körper bewohne, seit dieser vor vielen Jahren zum Himmel aufgefahren sei. Peter änderte seine Meinung, was die Nachfolge betraf, und ließ Iwan stattdessen in Ketten legen und foltern. Nach nur sechs Monaten auf dem Thron wurde Peter wiederum von seiner Frau Katharina der Großen ermordet, wodurch sich Iwans Schicksal noch mehr zum Schlechten wandte. Wassili Jakowlewitsch Mirowitsch, ein Leutnant in Iwans Inselfestung, ahnte dessen wahre Identität. Als Gegner Katharinas unternahm er den Versuch, Iwan zu befreien, auf dass er wieder den Thron besteigen konnte. Doch sobald die Verschwörer sich der Zelle näherten, ermordeten die Wächter Iwan auf Geheiß Katharinas, die fest entschlossen war, ihn nie wieder freikommen zu lassen. Der dreiundzwanzigjährige Ex-Zar wurde in einem namenlosen Grab verscharrt.

Politische Lehre: Gehen Sie nicht davon aus, dass das Glück am Anfang Ihrer Karriere von Dauer sein wird.

POLITISCHE COMEBACKS

Wer	Frühere Position	Ruin	Comeback
Earl Long	Gouverneur von Louisiana	Im Irrenhaus eingesperrt	Nach seiner Entlassung von den Demokraten als Vertreter Louisianas fürs Repräsentantenhaus nominiert
Richard Nixon	Vizepräsident der USA (1953-61)	Verlor die Präsidentschaftswahlen 1960, dann 1962 die Wahl zum Gouverneur von Kalifornien	Wurde 1969 zum Präsidenten der USA gewählt
Nelson Mandela	Führender Apartheidsgegner in Südafrika während der 1950er und 1960er Jahre	Verbrachte unter dem Vorwurf der Verschwörung und Sabotage 27 Jahre im Gefängnis	Führte das Ende der Apartheid mit herbei und wurde zum Präsidenten von Südafrika gewählt (1994-99)
Adolf Hitler	Führer der deutschen Nazipartei (1921-24)	Scheiterte kläglich mit einem Putschversuch; verbrachte sechs Monate im Gefängnis	Reorganisierte nach seiner Entlassung die Nazipartei und wurde zehn Jahre später deutscher Reichskanzler und anschließend Diktator
Marion Barry	Bürgermeister von Washington DC (1979-91)	Auf Video gefilmt, wie er im Hotelzimmer mit seiner ehemaligen Geliebten Crack rauchte, als Bürgermeister zum Rücktritt gezwungen, verbrachte sechs Monate im Staatsgefängnis	Wurde 1995 wieder zum Bürgermeister gewählt
Alan García Pérez	Peruanischer Präsident (1985-90)	Musste abtreten und außer Landes fliehen, als Peru im Bürgerkrieg versank, die Arbeitslosigkeit auf über 50 % stieg und die jährliche Inflationsrate auf 7000 %	Wurde 2006 wieder Präsident

AUSGEWÄHLTE QUELLEN

ZEITUNGSARTIKEL

Cantor, Doug. „Five of the largest, oddest and most useless state projects," CNN.com, 27 July 2007.
Cathcarth, Michael. „Lemonade Ley: Minister for Murder." Australian Broadcasting Corporation, 7 November 200
Fitch, Robert. „How Ross Perot Made A Quarter Billion Dollars Running for President."
The Perot Periodical, Fall 1993.
French, Howard. „Anatomy of an Autocracy: Mobutu's 32-Year Reign." New York Times, 17 May 1997.
„In One Swift Hour." Time, 28 July 1958.
Joyce, Kolin. „Sacked Governor to Challenge Japan's Old Guard." Daily Telegraph, 15 July 2002.
Kautz, Pete. „The Original Cassius Clay." Close Quarters Combat Magazine, 2002.
King, Laura. „Angry Mob Kills Afghan Minister." Associated Press, 15 February 2002.
Koerner, Brendan I. „How Did Suharto Steal $35 Billion?" Slate, 26 March 2004.
Link, Perry. „Will SARS Transform China's Chiefs?" Time, 28 April 2003.
„The Man Who Was King." Time, 25 August 1958.
Miller, Tom. „Tricky Dick." The New Yorker, 30 August 2004.
Moody, John. „Bad Times for Baby Doc." Time, 24 June 2001.
Moran, Tom. „A State of Corruption." The Star Ledger, 10 November 2002.
Palumbo, Gene. „Suspicion Lingers in Salvadorian Bishop's Murder." National Catholic Reporter, 16 July 1993.
„Paul Ended Our Marriage at a Dinner Party." Sydney Morning Herald, 20 April 2004.
Roberts, Sam. „Sex, Politics and Murder on the Potomac." New York Times, 1 March 1992.
Smolowe, Jill. „The Phillippines." Time, 9 February 1987.
Stavrou, Phillip. „Political Sex Scandals: Ancient History in Ottawa." CTV News, 5 May 2007.
Taibbi, Matt. „Boris Yeltsin: Death of A Drunk." Rolling Stone, 11 August 2006.
Tempest, Matthew. „Profile: Sir Mark Thatcher." Guardian Unlimited, 25 August 2004.
Turner, Corey. „Idi Amin Film Prompts Viewing of 1974 Documentary."
National Public Radio, 2 November 2006.

BÜCHER

Barrett, Anthony. Agrippina: Sex, Power and Politics in the Early Roman Empire.
Yale University Press, 1996.
Bernstein, Carl and Bob Woodward. All the President's Men. Simon & Schuster, 1974.
Bevan, E.R. The House of Ptolemy. Methuen Publishing, 1927.
Beyer, Rick. The Greatest Stories Never Told. Harper Collins, 2003
Boardman, John (editor), Jasper Griffin (editor), Oswyn Murray (editor).
The Oxford Illustrated History of Greece and the Hellenistic World. Oxford University Press, 2001.
Bogard, Cynthia J. Seasons Such As These: How Homelessness Took Shape in America.
Aldine de Gruyter, 2003.
Brandt, Nat. The Congressman Who Got Away With Murder. Syracuse University Press, 1992.
Caro, Robert A. The Path to Power: The Years of Lyndon Johnson (Vol. I).Knopf, 1982.
Carpini, John de Plano. The Long and Wonderful Voyage of Frier John de Plano Carpini.
Originally published in 1246.
Churchill, Ward. Struggle for the Land. City Lights Books, 2002.
Clark, Sir Kenneth. Civilization. John Murray, 1980.
Dangerfield, George. The Era of Good Feelings: America Comes of Age in the Period of Monroe and Adams. Harbinger, 1963.
Dunham, Mikel. Buddha's Warriors: The Story of the CIA-Backed Tibetan Freedom Fighters, the Chinese Communist Invasion and the Ultimate Fall of Tibet. Tarcher, 2004.
Elson, Henry. History of the United States of America. Macmillan, 1904.
Foss, Clive. The Tyrants: 2500 Years of Absolute Power and Corruption.Quercus Publishing, 2006.
French, Howard. A Continent for the Taking: The Tragedy and Hope of Africa. Vintage, 2005.
Balantine Books, 1987.
Wallace, Amy and David Wallechinsky. The New Book of Lists: The Original Compendium of
Curious Information. Canaongate, 2005.
Walthall, Anne. Peasant Uprisings in Japan. University of Chicago Press, 1991.

WEBSEITEN

Air Force Wives (airforcewives.com)
All Africa (allafrica.com/)
Amazing Australia (amazingaustralia.com)
Australian Politics (australianpolitics.com)
Bartlett's Quotations (bartleby.com/100/)
Biographical Directory of the United States Congress (bioguide.congress.gov/biosearch/biosearch.asp)
British Broadcasting Corporation History Site (bbc.co.uk/history)
Canadian Encyclopedia (canadianencyclopedia.com)
Columbia World of Quotations (bartleby.com/66/)
Decameron Web (brown.edu/Departments/Italian_Studies/dweb/dweb.shtml)
Encyclopedia Britannica Online (britannica.com)
Encyclopedia of World History (bartleby.com/67/)
History Buff (historybuff.com)
I, Claudius Project (anselm.edu/internet/classics/I%2CCLAUDIUS/information.html)
Internet History Sourcebooks Project (fordham.edu/halsall)
Irish History Gateway (academicinfo.net/histirish.htm)
Library of Congress Country Studies (lcweb2.loc.gov/frd/cs/cshome.html)
Livius Articles on Ancient History (brown.edu/Departments/Italian_Studies/dweb/dweb.shtml)
Military History (militaryhistoryonline.com)
National Geographic (nationalgeographic)
Palaces (historicroyalpalaces.org)
Paul Keating Insults Archive (webcity.com.au/keating/)
Pennsylvania Historical and Museum Commission (phmc.state.pa.us)
Political Graveyard (politicalgraveyard.com)
PBS American Experience (pbs.org/wgbh/amex)
PBS Frontline (pbs.org/wgbh/pages/frontline/)
Questia (questia.com)
The Skeleton Closet (realchange.org/)
Slate (slate.com)
Spartacus Educational (spartacus.schoolnet.co.uk/)
United States Central Intelligence Agency World Factbook (cia.gov/library/publications/the-worldfactbook/geos/fo.html)
Urban Legends – Dan Quayle Quotes (snopes.com/quotes/quayle.a)
The Victorian Web (victorianweb.org/)
VoltaireNet (voltairenet.org)
Wikipedia (wikipedia.org)
Women's History (womenshistory.about.com/)

ZEITUNGEN, ZEITSCHRIFTEN UND ANDERE QUELLEN
Billings Gazette
Boston Globe
Chicago Tribune
Christian Science Monitor
Daily Times Nigeria
Discovery Channel
Encyclopedia Americana
Encyclopedia Britannica
The Guardian
Hindustan Times
The History Channel
Indo-Asian News Service
International Herald Tribune
Jane's Defence Weekly
Los Angeles Times
Melbourne Herald Sun
National Catholic Reporter
National Review
New York Times
The New Yorker
Newsweek
Rolling Stone
Smithsonian
Der Spiegel
Sydney Morning Herald
Toronto Star
U.S. News and World Report
U.S. State Department
Washington Post

ÜBER DIE AUTOREN

David Borgenicht ist Schöpfer und Co-Autor aller Bücher der Worst-Case-Scenario-Reihe, außerdem Generaldirektor und Verleger von Quirk-Books (quirkbooks.com). Seit seiner einjährigen Karriere als Vizeklassensprecher der Abschlussklasse auf der Highschool hat er sich nie wieder für ein Amt beworben, sondern sich (wie Jimmy Carter und Bill Clinton) aufs Bücherschreiben, die Förderung internationaler Beziehungen und Wohltätigkeitsarbeit konzentriert. Er lebt in Philadelphia.

Turk Regan wandte sich dem Schreiben zu, als seine politische Karriere durch ein tragisches Unglück beim Händeschütteln ein abruptes Ende nahm. Er hat zahlreiche Artikel und Bücher verfasst, darunter Pimp My Cubicle, das Hillary Clinton Voodoo Kit und das George Bush Voodoo Kit. Seine Zeit verbringt er abwechselnd in Kalifornien und einem Zustand der Fassungslosigkeit.

Brenda Brown ist Illustratorin und Cartoonistin, deren Arbeiten schon viele Bücher und Publikationen bereichert haben, einschließlich der Worst-Case-Scenario-Reihe, Esquire, Reader's Digest, USA Weekend, 21st Century Science & Technology, der Saturday Evening Post und dem National Enquirer. Ihre Website ist (webtoon.com).

DANKSAGUNG

Turk Regan möchte sich bei Sarah O'Brien bedanken, weil sie eine großartige Lektorin ist, bei George W. Bush, weil er ein goldenes Zeitalter für politische Humoristen eingeläutet hat, und bei Dr. Jim Soles dafür, dass er der bestmögliche Professor in politischen Wissenschaften und überhaupt ein wunderbarer Mensch ist.

David Borgenicht möchte natürlich seiner schönen Frau und seinen wunderbaren Kindern danken, ohne die diese Wahlkampagne nicht möglich gewesen wäre. Außerdem möchte er sich bei seinen fabelhaften Wahlkampfmanagern und Meistern der Verdrehung, Sarah O'Brian, Jay Schaefer, Steve Mockus und Brianna Smith bedanken – ebenso wie bei Karen Onorato, seiner Wahlkampfdesignerin, und Brenda Brown, seiner Wahlkampfillustratorin. Sie werden alle in sein Kabinett aufgenommen werden. Natürlich nicht im engsten Stab – aber er hat ein wirklich großes Kabinett mit genügend Platz für alle. Und zum Schluss möchte er sich bei all den kleinen Leuten bedanken, die seiner Kampagne ihre Zeit und Energie gewidmet haben, ebenso bei seinen großen Wahlkampfsponsoren Halliburton, McDonnell-Douglas und Chi-Chi's. Ohne sie wäre all dies nicht möglich gewesen. Und, wie immer, die Schecks bitte auf seinen zweiten Vornamen ausstellen: „Bargeld".